101 TÉCNICAS CLAVE PARA CONVERTIRTE EN UN CONCILIADOR EXPERTO

Título: 101 técnicas clave para convertirte en un conciliador experto
Autora: Mirtha Alejandra Villarroel de Rocha
Edición: RoBress
Diseño, maquetación y diseño de portada
Email: robressdesigns@gmail.com

Año de publicación: 2024
DEPÓSITO LEGAL: 3-1-3452-2024

Todos los derechos reservados. Queda prohibida la reproducción total o parcial de esta obra, su traducción, adaptación, distribución o transmisión por cualquier medio, ya sea electrónico, mecánico, fotocopia u otros, sin la autorización previa y por escrito del titular de los derechos de autor.

© [2024] [Mirtha Alejandra Villarroel de Rocha]

Si tienes problemas con los códigos QR de este librillo, alguna duda o alguna consulta, puedes contactarnos a través del correo robressdesigns@gmail.com. Estamos aquí para asegurar que tu experiencia sea diferente.

ÍNDICE

05 PRESENTACIÓN

07 I.- CONOCIMIENTO Y PREPARACIÓN

10 II. GESTIÓN DEL PROCESO CONCILIATORIO

29 III. COMUNICACIÓN EFECTIVA Y MANEJO EMOCIONAL

50 IV. NEGOCIACIÓN Y RESOLUCIÓN DE CONFLICTOS

66 V. ÉTICA Y RESPONSABILIDAD

75 BIBLIOGRAFÍA

PRESENTACIÓN

Bienvenidos a "101 técnicas clave para convertirte en un conciliador experto", una guía para dominar el arte de la conciliación. Este manual esencial está diseñado para equipar a conciliadores, administradores de justicia y estudiantes con una amplia gama de herramientas estratégicas necesarias para resolver conflictos de manera eficaz y eficiente.

Al abrir este compendio, se embarcarán en un viaje hacia la excelencia en conciliación, explorando no solo técnicas prácticas, sino también profundizando en las habilidades interpersonales que definen a los grandes conciliadores. Desde el desarrollo de una empatía genuina hasta la aplicación experta de leyes y procedimientos, este manual ofrece todo lo necesario para elevar su práctica profesional.

Este recurso, que complementa el libro "Plan Conciliación: Buscando la paz a través del arte del diálogo, está diseñado para ser una referencia indispensable en su desarrollo profesional, proporcionando consejos e inspiración para abordar y transformar conflictos en oportunidades de entendimiento y crecimiento.

El librillo esta dividido en cinco apartados y presentados de manera aleatoria, y la particularidad innovadora es que algunas de ellas cuentan con códigos QR que facilitan el acceso a recursos adicionales o ejemplos prácticos para una comprensión más profunda.

Les invito a sumergirse en estas páginas con dedicación y entusiasmo, y a utilizar este conocimiento para fomentar un mundo más armónico y comprensivo. Con cada técnica que dominen, estarán un paso más cerca de convertirse en maestros del diálogo y la resolución de conflictos.

Biografía de la autora

101 TÉCNICAS CLAVE PARA CONVERTIRTE EN CONCILIADOR EXPERTO

Comienza a recorrer uno a uno los caminos de las "101 Técnicas Clave para Convertirte en Conciliador Experto", una guía meticulosamente elaborada para mejorar tus habilidades en la resolución de conflictos. Cada técnica se presenta de manera clara y accesible, diseñada para promover el entendimiento profundo, la empatía y la eficiencia en el proceso conciliatorio, equipándote para abordar cualquier desafío con seguridad y habilidad.

I.- CONOCIMIENTO Y PREPARACIÓN

TÉCNICA 1: CONOCE EL CASO.-

Antes de dar el primer paso dentro de la sala de conciliación, es necesario que tengas una comprensión profunda de lo que está en juego. Debes dedicar tiempo a revisar cuidadosamente todos los documentos que las partes han compartido contigo, incluyendo contratos, cualquier intercambio de correos previos, y todo material que pueda arrojar luz sobre el asunto. No te detengas ahí; sumérgete también en el contexto del conflicto, conocer el historial entre las partes, los aspectos legales que podrían jugar un papel importante, y cualquier otro detalle pertinente puede darte una ventaja invaluable. Comprender lo que cada parte quiere, por qué lo quiere y qué necesita realmente, te equipará para hacer las preguntas correctas y guiar la conversación de manera que sea constructiva para todos.

TÉCNICA 2: REVISA LOS PRECEDENTES RELEVANTES.-

Revisa y comprende los precedentes relevantes que pueden influir en el proceso de conciliación. Podrías investigar casos similares o situaciones previas para extraer lecciones o patrones que puedan aplicarse al caso actual.

Con ello, podrás proporcionar a las partes una perspectiva más amplia sobre cómo se han resuelto conflictos similares en el pasado, lo que puede ayudar a establecer expectativas realistas y fomentar soluciones basadas en la equidad y la justicia. Esta revisión también te permitirá asesorar de manera informada y ayudar a las partes a entender mejor el contexto legal o social de sus conflictos.

TÉCNICA 3: EDUCA SOBRE LA CONCILIACIÓN.-
Asegúrate de explicar claramente cómo funciona la conciliación, cuáles son los beneficios y qué pueden esperar durante las sesiones. Dicha explicación ayuda a establecer expectativas realistas y fomenta una participación más informada y constructiva.

Además, considera incluir información sobre técnicas de resolución de conflictos y estrategias de negociación, lo que puede empoderar a las partes y hacerlas sentir más cómodas y seguras durante el proceso. Es posible orientar a las partes sobre cómo presentarse adecuadamente en una conciliación, a través de una capacitación previa que no requiere ni siquiera una reunión previa. El siguiente código QR los llevará a una guía accesible diseñada para asegurar una adecuada preparación de las partes.

Esta guía puede ser proporcionada a los conciliantes mucho antes de la reunión para facilitar el proceso conciliatorio, contribuyendo a soluciones más ágiles y efectivas. Resulta necesario corregir la percepción errónea de que la conciliación es un escenario de confrontación, destacando su verdadero propósito: alcanzar un acuerdo mutuo.

Guía práctica para conciliantes

TÉCNICA 4: ADAPTACIÓN AL CAMBIO NORMATIVO.-
Infórmate constantemente sobre las actualizaciones legales y regulatorias que puedan afectar el conflicto y su resolución.

Esto conlleva a una formación continua, la utilización de expertos en la materia y la adaptación flexible de las estrategias de conciliación para cumplir con las nuevas normativas. Mantenerse actualizado asegura que el proceso sea relevante y conforme a la ley, proporcionando seguridad jurídica a todas las partes involucradas.

TÉCNICA 5: PREPARACIÓN PARA MANEJAR SESIONES DIFÍCILES.- Prepárate para manejar sesiones difíciles, esto puede incluir desarrollar estrategias para lidiar con emociones intensas, resistencia al cambio, o desacuerdos profundos. Como conciliador, debes tener herramientas listas, como técnicas de desescalada, pausas estratégicas, y actividades de refocalización para mantener el control de la sesión. La preparación también presupone anticipar puntos de conflicto potenciales y planificar cómo abordarlos de manera efectiva para evitar que las sesiones se descarrilen.

ESTRATEGIAS PARA MANTENER EL CONTROL DE LA SESIÓN EN CONCILIACIONES CONFLICTIVAS

Estas técnicas son herramientas efectivas que el conciliador puede emplear para manejar situaciones difíciles durante una sesión de conciliación y mantener un ambiente controlado y productivo para todas las partes intervinientes

TÉCNICAS DE DESESCALADA:
- Uso de lenguaje calmado y empático para tranquilizar a las partes en conflicto.
- Practicar la escucha activa y validar las emociones de las partes para mostrar comprensión.
- Redirigir la atención hacia soluciones potenciales en lugar de enfocarse en el conflicto en sí mismo.
- Utilizar el humor o la distensión para aliviar la tensión en la sala.

PAUSAS ESTRATÉGICAS:
- Introducir pausas breves durante la sesión para permitir que las partes reflexionen y se calmen.
- Tomar un descanso cuando las emociones estén muy intensas para evitar decisiones impulsivas o reacciones emocionales.
- Utilizar pausas planificadas para cambiar el enfoque de la discusión o abordar temas delicados de manera más gradual.

> **ACTIVIDADES DE REFOCALIZACIÓN:**
> - Implementar ejercicios de resolución de problemas en grupo para refocalizar la discusión en soluciones prácticas.
> - Utilizar técnicas de visualización o narrativas para ayudar a las partes a imaginar un futuro más positivo después del conflicto.
> - Introducir actividades de colaboración, como trabajar en equipo en un rompecabezas o realizar una actividad creativa juntos, para fomentar el trabajo en conjunto y reducir la hostilidad.

TÉCNICA 6: CAPACITACIÓN CONTINUA.- La capacitación continua es clave para mantener y mejorar tus habilidades como conciliador. Participa en talleres, seminarios y cursos sobre resolución de conflictos, técnicas de negociación y áreas afines es esencial para tu crecimiento profesional.

Estar al día con las últimas prácticas y teorías en el campo te permite ofrecer las mejores estrategias y soluciones a las partes involucradas, asegurando que tu enfoque sea siempre fresco, relevante y efectivo. La capacitación continua fomenta una actitud de aprendizaje permanente, te ayuda a adaptarte a nuevos desafíos y cambios en el entorno de la conciliación, y fortalece tu capacidad para manejar situaciones complejas con confianza y competencia.

II. GESTIÓN DEL PROCESO CONCILIATORIO

TÉCNICA 7: ESTABLECE REGLAS BÁSICAS Y LÍMITES CLAROS EN LA CONCILIACIÓN.- Define reglas básicas y límites claros al inicio de cada sesión de conciliación para fomentar un entorno de respeto y colaboración. Asegúrate de que las partes acuerden comunicarse sin interrumpirse, expresar opiniones y sentimientos personalmente para evitar acusaciones, y tratar a todos los presentes con respeto. Subraya la importancia de la confidencialidad y del consenso en la toma de decisiones.

Establece también límites prácticos, como la duración de las sesiones y las pausas necesarias, para mantener un entorno seguro y respetuoso. Implementar estas reglas y límites desde el comienzo ayuda a prevenir conflictos y facilita una comunicación más efectiva y constructiva.

EJEMPLO DE CÓMO ESTABLECER REGLAS BÁSICAS Y LÍMITES CLAROS EN LA CONCILIACIÓN

A continuación se muestra un ejemplo de discurso que un conciliador podría dar para establecer reglas básicas. Este discurso es flexible y puede ajustarse según lo considere el conciliador.

Como conciliador, es fundamental establecer desde el inicio reglas básicas y límites claros para guiar nuestro proceso de conciliación. En este espacio, todos somos iguales ante la ley, y cada voz merece ser escuchada con respeto y atención.

***Primero**, la imparcialidad es nuestra guía. No tomaré partido por ninguna de las partes; mi objetivo es facilitar un diálogo constructivo donde ambas partes tengan la oportunidad de expresar sus preocupaciones y necesidades de manera equitativa.*

***Segundo**, la confidencialidad es clave. Todo lo que se comparta durante nuestras sesiones se mantendrá en estricta confidencialidad, protegiendo la privacidad y la integridad de cada individuo involucrado en este proceso.*

Tercero, el respeto mutuo es no negociable. Las diferencias de opinión son naturales, pero es vital que nos tratemos con cortesía y consideración en todo momento. El tono de voz, el lenguaje y las actitudes deben reflejar un ambiente de respeto y colaboración.

***Cuarto**, el compromiso es la base del progreso. Todos debemos comprometernos a participar de manera activa y constructiva en la búsqueda de soluciones. La apertura a la negociación y la disposición para encontrar puntos en común son fundamentales para alcanzar acuerdos satisfactorios.*

***Finalmente**, nuestros límites están marcados por la ley y la ética. No podemos comprometer principios legales ni valores éticos en nuestras negociaciones. Mi responsabilidad es asegurar que cualquier acuerdo alcanzado sea justo, equitativo y legalmente viable.*

Con estas reglas básicas y límites claros, podemos embarcarnos en este viaje hacia la resolución de conflictos con confianza y respeto mutuo. Estoy aquí para guiarlos y facilitar un proceso que nos lleve a soluciones que beneficien a todas las partes involucradas."

TÉCNICA 8: ESTABLECE UN AMBIENTE PROPICIO.- El entorno donde se desarrolla la conciliación, ya sea en un marco judicial o extrajudicial, es clave para influir en la actitud de las partes y en la eficacia del proceso. El espacio debe percibirse como neutral, para que todas las partes se sientan en pie de igualdad, sin sentirse en desventaja. Este espacio debe ser acogedor, con una disposición de los asientos que promueva la igualdad y facilite un diálogo abierto y constructivo. También es necesario que esté aislado de interrupciones y distracciones, incluyendo ruidos externos, garantizando la privacidad y concentración necesarias para que las partes se enfoquen plenamente en encontrar una solución.

TÉCNICA 9 MANEJA PERSONAS DESAFIANTES.- Como conciliador frente a partes inflexibles y competitivas, es necesario emplear técnicas que transformen los enfrentamientos en colaboración. En lugar de responder defensivamente, motiva a las partes a adoptar una perspectiva basada en intereses comunes.

En situaciones donde, por ejemplo, un empleado enfrenta a un jefe con tácticas intimidatorias sobre temas salariales, evita reacciones impulsivas.

En su lugar, sugiere una revisión constructiva de las políticas laborales que beneficie tanto al empleado como a la operación empresarial. Este enfoque, centrado en la colaboración y el entendimiento mutuo, resuelve el conflicto actual y además, establece una base para una relación laboral más justa y productiva en el futuro.

TÉCNICA 10: ESTRUCTURA UNA AGENDA PARA LA CONCILIACIÓN.- La Técnica de la Agenda Estructurada facilita una discusión clara y sistemática en el proceso de conciliación. Comienza con una invitación a cada parte para que exponga sus hechos, seguido de una fase de preguntas aclaratorias para profundizar en los detalles y asegurar el entendimiento mutuo.

Cada intervención es resumida por el conciliador para verificar la comprensión y alinear las percepciones.

Finalmente, con base en la información recopilada y clarificada, establece una agenda que guíe la resolución de conflictos, destacando los puntos clave que se deben abordar. Este enfoque estructurado garantiza que todas las voces sean escuchadas y prepara el terreno para una negociación efectiva y equitativa.

CÓMO ESTRUCTURAR UNA AGENDA

TÉCNICA 11: CLARIFICACIÓN DE ROLES.- Clarifica los roles de cada parte en el proceso de conciliación para evitar confusiones y garantizar que todos entiendan sus responsabilidades y expectativas, lo que significa definir claramente el papel del conciliador y las partes, así como de cualquier otro participante en el proceso.

La clarificación de roles ayuda a establecer límites y a gestionar las expectativas, lo que contribuye a un proceso más ordenado y eficiente.La clarificación de roles ayuda a establecer límites y a gestionar las expectativas, lo que contribuye a un proceso más ordenado y eficiente.

TÉCNICA 12: DEFINE OBJETIVOS CLAROS.- Como conciliador, uno de tus roles principales es ayudar a las partes a definir objetivos claros al comienzo del proceso de conciliación. Los objetivos son metas o resultados específicos que se desean alcanzar dentro de un marco de tiempo determinado.

En el contexto de la conciliación y la resolución de conflictos, los objetivos son claros, medibles y alcanzables, establecidos por las partes involucradas para guiar el proceso hacia una resolución efectiva.

Definir objetivos claros ayuda a estructurar el diálogo, asegura que todas las partes estén alineadas con las metas del proceso y facilita la evaluación del progreso hacia la resolución del conflicto.

METODOLOGÍA SMART
PARA DEFINIR OBJETIVOS CLAROS EN LA CONCILIACIÓN

Para definir objetivos claros y efectivos durante el proceso de conciliación de conflictos, se sugiere utilizar la metodología **SMART** Específicos (Specific), measurable (Medibles), alcanzables (Achievable), realistas (Realistic) y de duración limitada (Time-bound) en sus siglas en español e inglés respectivamente y que se atribuye su popularización a Peter Drucker un reconocido autor y consultor en gestión empresarial, quien introdujo conceptos similares en sus obras sobre administración y planificación estratégica en la década de 1950. A partir de entonces, la metodología SMART ha sido ampliamente utilizada en diferentes contextos para establecer objetivos claros y alcanzables.

Aunque esta metodología se haya desarrollado inicialmente para temas empresariales, su flexibilidad y utilidad la convierten en una herramienta valiosa para diversos contextos y puede ser aprovechada de manera efectiva en la resolución de conflictos.

Al utilizar la metodología SMART en la conciliación, se logra una definición más precisa y concreta de los objetivos a alcanzar durante el proceso de resolución de disputas. Esto facilita la evaluación del progreso, la identificación de acciones específicas y la toma de decisiones informadas para alcanzar una solución satisfactoria para todas las partes involucradas.

A continuación se muestra un ejemplo de como se puede aplicar la metodología SMART en el contexto de la conciliación:

Caso de conciliación extrajudicial: El árbol histórico en el patio común

Aldo y Virginia son vecinos en un edificio residencial que comparten un patio común donde se encuentra un árbol de gran valor histórico y antigüedad, siendo considerado el más viejo de la ciudad. Aldo, propietario del piso superior, desea remover el árbol para construir una terraza adicional en su propiedad. Por otro lado, Virginia, propietaria del piso inferior, se opone firmemente a la remoción del árbol debido a su valor histórico y significado cultural para la comunidad. Ambas partes desean resolver este conflicto de manera amigable y evitar llegar a instancias legales.

SMART para la conciliación:

S M A R T

ESPECÍFICO	MEDIBLE	ALCANZABLE	RELEVANTE	TEMPORAL

Alcanzar un acuerdo sobre el destino del árbol en el patio común que satisfaga las necesidades y preocupaciones de Aldo y Virginia.	Establecer criterios claros para evaluar el impacto de la remoción del árbol en la estructura del edificio, el valor histórico del árbol y la opinión de otros residentes sobre su conservación.	Identificar opciones realistas y factibles que puedan resolver el conflicto de manera equitativa, considerando alternativas como la reubicación del árbol ppevios estudios, la compensación económica o la construcción de la terraza de manera que no afecte la integridad del árbol.	El acuerdo sobre el destino del árbol impactará en la convivencia pacífica entre Aldo y Virginia, así como en la preservación del patrimonio histórico y cultural de la comunidad.	Establecer un plazo específico para llegar a un acuerdo, como dos semanas a partir del inicio de las negociaciones, para evitar prolongar el conflicto innecesariamente.

Aplicando la metodología SMART en este caso, Aldo y Virginia podrán definir objetivos claros y alcanzables para resolver su conflicto de manera conciliatoria y evitar así recurrir a procedimientos judiciales costosos y prolongados.

CASO DE PRÁCTICA: RESOLUCIÓN DEL CONFLICTO ENTRE ARRENDADOR E INQUILINO CON RENOVACIÓN DE CONTRATO

Juan es propietario de un edificio residencial donde María ha estado alquilando un apartamento en el último piso durante varios años. Recientemente, María ha expresado su preocupación por la humedad que se filtra desde el techo de su apartamento, lo que está causando daños en sus muebles y afectando su calidad de vida. Juan, por su parte, reconoce el problema y está dispuesto a solucionarlo, pero también desea renovar el techo del edificio para mejorar su apariencia y aumentar su valor de mercado, lo que podría significar un aumento en el precio del alquiler o la salida directa de María.

Objetivo SMART para la conciliación...

TÉCNICA 13: GESTIÓN DEL TIEMPO EFECTIVO.- Planifica adecuadamente la duración de las sesiones, asigna tiempo suficiente para discutir los puntos críticos sin precipitarse, y asegura que todas las partes tengan oportunidades equitativas para expresarse. Una buena gestión del tiempo también incluye la creación de plazos realistas para alcanzar objetivos y la implementación de medidas para mantener el proceso en el camino previsto. Administrar el tiempo de manera efectiva, te puede ayudar a minimizar la fatiga de las partes, mantener el enfoque y la motivación, y fomentar un ambiente donde se pueda trabajar hacia una solución de manera sistemática y sin presiones innecesarias.

TÉCNICA 14: IMPLEMENTA LA ESTRATEGIA DE CO-CONCILIACIÓN PARA ESCENARIOS MULTIPARTES.- Se recomienda considerar la co-conciliación para casos que involucren tres o más partes. Esta técnica, que consiste en trabajar junto a otro conciliador, es especialmente útil en situaciones multipartes complejas o cuando los temas a tratar son particularmente delicados. En circunstancias donde el número de partes y asesores es alto, puede ser beneficioso incluir hasta un tercer conciliador, pero es aconsejable no exceder este número para mantener la efectividad del proceso. Además, la co-conciliación también es una excelente opción para casos bipartitos complejos o como una oportunidad para que conciliadores menos experimentados aprendan bajo la guía de profesionales más experimentados.

TÉCNICA 15: TOMA PAUSAS ESTRATÉGICAS.- Es importante reconocer los momentos adecuados para implementar pausas estratégicas durante las sesiones de conciliación. Estas pausas ayudan a que las partes procesen la información recibida, calmen sus emociones o reconsideren sus posiciones.

Son particularmente útiles después de intercambios intensos o cuando el diálogo parece estancarse y las partes necesitan tiempo para reflexionar. Una pausa bien ubicada puede ser clave para renovar la atmósfera de la sesión, facilitar una nueva perspectiva o simplemente ofrecer un respiro necesario que contribuya a mantener la eficacia del proceso de conciliación.

TÉCNICA 16: DESARROLLA UN PLAN DE ACCIÓN.- El desarrollo de un plan de acción detallado es ideal para la efectividad de cualquier proceso de conciliación. Como conciliador, debes guiar a las partes en la elaboración de un plan que esboce claramente los pasos a seguir, los responsables de cada tarea y los plazos para su ejecución.

Este plan debe incluir las acciones necesarias para implementar cualquier acuerdo alcanzado, y debe incluir estrategias para manejar posibles desafíos o contratiempos. Asegúrate de que el plan sea lo suficientemente detallado para ser útil, pero también lo suficientemente flexible para adaptarse a cambios imprevistos. Revisa y ajusta el plan según sea necesario para garantizar que siga siendo relevante y efectivo, proporcionando a todas las partes una hoja de ruta clara hacia la resolución del conflicto.

Conciliación de Conflicto Familiar

Imaginemos una situación de conciliación familiar en la que dos padres, Elsa y Ramón, están tratando de llegar a un acuerdo sobre la custodia de sus hijos y la división de bienes tras su separación. A continuación, se detalla un ejemplo de plan de acción para resolver este conflicto familiar:

Plan de Acción

Definir Objetivos Claros:
- Determinar un arreglo de custodia que beneficie a los hijos y sea aceptable para ambos padres.
- Acordar una división equitativa de los bienes acumulados durante el matrimonio.

Identificación de Tareas y Actividades:
- Evaluación de Necesidades: Sesión para evaluar las necesidades y deseos de los hijos con un psicólogo infantil (Responsable: Psicólogo).
- Inventario de Bienes: Realizar un inventario detallado de los bienes a dividir (Responsable: Abogado de familia).
- Sesiones de Mediación: Programar sesiones de mediación para discutir y negociar ambos temas (Facilitador: Conciliador).

Asignación de Responsabilidades:
- El psicólogo evaluará las necesidades de los hijos.
- El abogado preparará el inventario de bienes.
- El conciliador facilitará las sesiones de mediación.

Establecimiento de Plazos:
- Evaluación de necesidades: dentro de dos semanas.
- Inventario de bienes: tres semanas.
- Sesiones de mediación: iniciar un mes después de la evaluación inicial.

Preparación para Desafíos:
- Establecer estrategias para manejar el desacuerdo emocional durante las sesiones.
- Preparar propuestas alternativas en caso de estancamiento en las negociaciones.

Implementación y Seguimiento:
- El conciliador verificará el cumplimiento de las tareas asignadas y los plazos.
- Seguimientos regulares post-mediación para asegurar el cumplimiento del acuerdo.

Evaluación y Ajustes:
- Evaluación de la eficacia del acuerdo de custodia y división de bienes seis meses después de la mediación.
- Ajustes necesarios basados en las recomendaciones del psicólogo y el bienestar de los hijos.

Comunicación Continua:
- Establecer líneas de comunicación claras entre Elsa y Ramón para discutir cualquier inquietud relacionada con los acuerdos alcanzados.

- Este plan de acción estructurado ayuda a Elsa y Ramón a navegar por su separación de una manera organizada y centrada, asegurando que todas las decisiones tomadas sean en el mejor interés de sus hijos y justas para ambos padres.

TÉCNICA 17: ANÁLISIS CON LAS PARTES ACERCA DE LOS RIESGOS.- El análisis de riesgo de las partes es un componente crítico del proceso de conciliación que debes llevar a cabo para entender y mitigar los posibles riesgos asociados con no llegar a un acuerdo. Ayuda a las partes a evaluar las consecuencias potenciales de continuar el conflicto versus los beneficios de alcanzar una resolución. Discute y analiza los riesgos legales, financieros, emocionales y relacionales que cada parte podría enfrentar. Facilitar este análisis puede motivar a las partes a comprometerse más en el proceso, considerando que el entendimiento de estos riesgos les permite tomar decisiones más informadas y pragmáticas, con una apreciación clara de las implicaciones de sus opciones.

TÉCNICA 18: MANEJA SITUACIONES AMENAZANTES O DE VIOLECIA.- Como conciliador, cuando te enfrentes a situaciones de amenazas o violencia durante una conciliación, debes adoptar medidas firmes para salvaguardar la seguridad y la integridad del proceso.

En primer lugar, establece claramente las normas de conducta al comienzo de la sesión, asegurando que todas las partes entiendan que el respeto mutuo es esencial y que cualquier forma de amenaza o violencia resultará en la suspensión inmediata de la sesión.

Si detectas amenazas o comportamientos agresivos, interviene rápidamente para desescalar la situación, ofreciendo a las partes la opción de continuar en un entorno más seguro o, si es necesario, suspendiendo la sesión para reevaluar la viabilidad de continuar con el proceso. Tu papel es importante para mantener un entorno de conciliación seguro y constructivo, asegurando que las discusiones se lleven a cabo en un marco de seguridad y respeto.

MANEJO DE AMENAZAS Y VIOLENCIA EN LA CONCILIACIÓN

La conciliación es una herramienta poderosa para resolver disputas de manera pacífica, pero ciertos desafíos, como la presencia de amenazas y actos de violencia, pueden comprometer su eficacia y la seguridad de todos los involucrados. Como conciliador, se debe entender cómo manejar estas situaciones difíciles para proteger la integridad del proceso y garantizar un entorno seguro para la negociación. A continuación, exploraremos cómo abordar adecuadamente las amenazas, la violencia y situaciones específicas de violencia familiar durante la conciliación.

Amenazas y Ejercicio del Poder:

El uso de amenazas para coartar la libertad de una parte de defender sus derechos legítimos es una forma de ejercer poder que puede invalidar el proceso de conciliación. Si como conciliador detectas que hay amenazas que afectan la capacidad de una de las partes para tomar decisiones libres e informadas, la sesión no debe proceder. La presencia de amenazas indica que no existe un ambiente adecuado para una conciliación justa, ya que la parte afectada no puede participar de manera efectiva en la defensa de sus derechos.

Violencia Durante la Conciliación: Si se presentan actos de violencia durante una sesión de conciliación, ya sean verbales o físicos, la sesión debe suspenderse o concluirse inmediatamente, dependiendo de la gravedad del incidente. Mientras que los estallidos emocionales como gritos o insultos requieren una gestión cuidadosa, la violencia física es una señal clara de que el proceso no puede continuar de forma segura. Delitos y actos violentos, como los relacionados con violencia familiar, no son temas conciliables.

Violencia Familiar y Conciliación: Es fundamental reconocer que, aunque la violencia familiar en sí misma no es conciliable, otros aspectos derivados de la relación familiar como la tenencia de hijos, pensiones alimenticias, régimen de visitas o la disolución de regímenes económicos pueden ser objeto de conciliación. Sin embargo, si existen antecedentes de violencia familiar que comprometan la libertad de una de las partes para negociar en igualdad de condiciones, es preferible derivar el caso a otras instancias especializadas.

Toma en cuenta estas pautas para mantener la integridad y la efectividad del proceso de conciliación, asegurando que todas las partes puedan participar en un entorno seguro y equitativo. Como conciliador, tu habilidad para manejar estas situaciones difíciles no solo protege a los participantes, sino que también preserva el respeto por el proceso de conciliación como un medio efectivo para la resolución de conflictos.

TÉCNICA 19: USO DE SESIONES SEPARADAS.- Incorpora sesiones separadas en el proceso de conciliación para abordar de manera privada y detallada los asuntos individuales de cada parte. Estas sesiones permiten que las partes discutan y exploren sus preocupaciones específicas en un ambiente confidencial, sin presión alguna. Pueden ser especialmente beneficiosas para tratar temas delicados o complicados, donde las partes necesitan espacio para hablar libremente y considerar sus opciones con más profundidad.

Como conciliador, facilita estas reuniones individuales para profundizar en los intereses personales, clarificar puntos de vista y explorar posibles soluciones. Este enfoque mejora la comprensión de las necesidades únicas de cada participantes y prepara el terreno para reuniones más efectivas, donde cada parte está mejor informada y más comprometida con el proceso colaborativo.

TÉCNICA 20: USO ESTRATÉGICO DE EXPERTOS.- Incorpora expertos en el proceso de conciliación de manera estratégica cuando sus conocimientos sean necesarios para clarificar puntos técnicos o proporcionar perspectivas imparciales.

Incluye especialistas legales, financieros, técnicos o de cualquier otro campo relevante para el conflicto. Asegúrate de que la participación del experto sea percibida como un recurso neutral y beneficioso para todas las partes no como una amenaza. Utilizar expertos de manera estratégica puede enriquecer el diálogo, aumentar la credibilidad del proceso y ayudar a las partes a explorar soluciones basadas en información sólida y profesional.

TÉCNICA 21: MENSAJES "YO".- Incorpora la comunicación asertiva en la conciliación enseñando a las partes a expresar sus sentimientos, pensamientos y necesidades de manera directa y clara, sin culpar o atacar a los demás. Comienza con la identificación de emociones y necesidades propias, seguido de la formulación de mensajes que empiezan con "Yo", como en *"Yo me siento preocupado cuando los plazos no se cumplen"*, esto ayuda a explicar el impacto de las acciones en sus sentimientos y culmina con una petición específica, facilitando así un diálogo abierto y constructivo que reduce la defensividad y promueve la empatía y el entendimiento mutuo entre las partes. Este enfoque lo encontrás detallado con ejemplos reales en el Capítulo 7 del "Plan Conciliación, Buscando la Paz a través del Arte del Diálogo".

TÉCNICA 22: EVALUACIÓN CONTINUA DEL PROCESO.- Implementa una evaluación continua del proceso de conciliación para asegurarte que el método se mantenga efectivo y relevante a lo largo del tiempo.

Establece mecanismos de retroalimentación regulares con las partes, solicitando sus opiniones sobre la efectividad de las diferentes fases y técnicas utilizadas. Utiliza esta información para hacer ajustes y mejoras en tiempo real, adaptando el proceso a las necesidades cambiantes de las partes y a la evolución del conflicto.

Esta evaluación continua mejora la calidad del proceso de conciliación y refuerza la confianza de las partes en el método, al ver que sus aportes son valorados y considerados seriamente.

TÉCNICA 23: OPTIMIZA LA PARTICIPACIÓN DE ASESORES EN LA CONCILIACIÓN.-
En procesos de conciliación, los asesores proveen información especializada y seguridad a las partes, pero su rol debe ser limitado y no protagónico.

Como conciliador, es relevante establecer y comunicar claramente las funciones de los asesores desde el inicio, enfatizando que su participación es como consejeros y no como tomadores de decisiones. Deben abstenerse de intervenir activamente en las discusiones y en caso de que excedan su rol, interviene con tacto para reafirmar sus límites y, si es necesario, realiza reuniones privadas con ellos para asegurar su colaboración efectiva, lo que mantendrá el foco del proceso en las partes directamente involucradas, facilitando una conciliación más justa y centrada.

TÉCNICA 24: MANEJA LAS EXPECTATIVAS.- Desde el principio, establece una comunicación clara sobre lo que se puede razonablemente esperar como resultado del proceso de conciliación.

Como conciliador, ayuda a las partes a establecer objetivos realistas y proporciona una evaluación honesta de lo que es posible lograr. Si ajustas las expectativas a lo que es prácticamente alcanzable, también reduces la probabilidad de desilusiones y fomentas un mayor grado de satisfacción con los resultados obtenidos. Además, la gestión de expectativas incluye preparar a las partes para posibles compromisos y ayudarlas a entender que, en muchos casos, las mejores soluciones requieren flexibilidad y apertura a opciones alternativas.

TÉCNICA 25: FLEXIBILIDAD EN EL PROCESO.- La flexibilidad en el proceso ayuda a responder adecuadamente a las dinámicas cambiantes y las necesidades emergentes de las partes involucradas.

Como conciliador, debes estar preparado para adaptar el enfoque, los métodos y los objetivos según se revelen nuevas informaciones o aspectos del conflicto. Significa reevaluar continuamente el progreso y las respuestas emocionales de las partes, e incorporar cambios en la planificación y las técnicas utilizadas. La habilidad para ajustar el proceso de conciliación permite manejar eficazmente los desafíos que surgen y maximizar las oportunidades para alcanzar un acuerdo satisfactorio y duradero. Asegurarse de mantener una comunicación transparente sobre los ajustes realizados es esencial para mantener la confianza y cooperación de todas las partes.

TÉCNICA 26: GESTIÓN PROACTIVA DE CONFLICTOS.- Gestiona proactivamente los conflictos identificando y abordando posibles áreas de disputa antes de que escalen. Establece mecanismos de comunicación claros, fomenta un entorno de apertura y confianza, y capacitaa a las partes en habilidades de negociación y resolución de conflictos. Un enfoque proactivo puede mitigar los conflictos de manera temprana, reduce el impacto negativo en las relaciones y facilita una resolución más eficiente y armoniosa.

TÉCNICA 27: MANEJO DEL CAMBIO.- Como conciliador, debes adaptarte a las circunstancias cambiantes y a las dinámicas de las partes involucradas para manejar efectivamente el cambio dentro del proceso de conciliación. Es posible que te enfrentes a cambios en las demandas, prioridades o incluso en condiciones externas que impacten el conflicto.

Para abordar estos cambios de manera proactiva, mantén una comunicación abierta y constante, revisa los objetivos y estrategias regularmente, y debes estar dispuesto a ajustar el enfoque del proceso según sea necesario. Además, fomentar la flexibilidad y la resiliencia en las partes puede ser clave para navegar a través de los cambios y asegurar que el proceso de conciliación permanezca constructivo y enfocado en encontrar soluciones.

TÉCNICA 28: FORTALECIMIENTO DE LA RED DE APOYO EN LA CONCILIACIÓN .- Se refiere a crear y nutrir una estructura de apoyo efectiva alrededor de las partes involucradas. Esto incluiría facilitar el acceso a asesores legales, psicólogos, trabajadores sociales, y otros profesionales que pueden proporcionar asesoramiento y apoyo emocional durante y después de la conciliación.

Además, fomentar la formación de grupos de apoyo o la conexión con redes comunitarias puede proporcionar un respaldo adicional que empodere a las partes y les ayude a manejar mejor el estrés y los desafíos relacionados con el conflicto. Esta red de apoyo ayuda a las partes a sentirse más seguras y comprendidas y también refuerza su capacidad para llegar a acuerdos sostenibles y manejar de manera efectiva las interacciones futuras.

FORTALECIMIENTO DE LA RED DE APOYO
EN LA CONCILIACIÓN

El fortalecimiento de la red de apoyo en el proceso de conciliación es una estrategia clave que busca asegurar que las partes involucradas tengan acceso a los recursos necesarios para manejar de manera efectiva el estrés y las emociones que el conflicto y su resolución pueden generar. Aquí te ofrezco algunos ejemplos y extensiones de información sobre cómo puedes ampliar y fortalecer esta red de apoyo:

1. INCORPORACIÓN DE ASESORES LEGALES Y FINANCIEROS

- Para asegurar que las partes entienden completamente las implicaciones legales y financieras de cualquier acuerdo de conciliación, facilita el acceso a asesores legales y financieros. Esto es particularmente útil en conciliaciones que involucran acuerdos comerciales complejos o divisiones de propiedades en divorcios.

APOYO PSICOLÓGICO 2

- Conflictos, especialmente aquellos de naturaleza personal o familiar, pueden ser emocionalmente desgastantes. Proporcionar acceso a psicólogos o terapeutas puede ayudar a las partes a procesar sus emociones de manera saludable, mejorando su capacidad para participar constructivamente en el proceso de conciliación.

- En situaciones donde hay implicaciones más amplias para la comunidad o la familia, los trabajadores sociales pueden ofrecer apoyo práctico y emocional, ayudando a las partes a acceder a servicios comunitarios y recursos que pueden aliviar las presiones durante el proceso de conciliación.

3. TRABAJADORES SOCIALES

GRUPOS DE APOYO Y REDES COMUNITARIAS 4

- Fomentar la conexión con grupos de apoyo o redes comunitarias puede proporcionar a las partes un sentido de pertenencia y apoyo adicional. Estos grupos ofrecen un espacio para compartir experiencias y recibir consejo y consuelo de otros que han enfrentado situaciones similares.

- Organizar talleres y seminarios sobre manejo de conflictos, negociación, y resolución de problemas puede empoderar a las partes y mejorar sus habilidades de comunicación y negociación. Este tipo de formación también ayuda a las partes a manejar mejor los conflictos futuros.

5. TALLERES Y SEMINARIOS

PLATAFORMAS DE COMUNICACIÓN: 6

- Establecer canales de comunicación efectivos, como plataformas en línea o líneas directas con expertos, puede ofrecer a las partes un acceso continuo a consejos y soporte cuando enfrentan decisiones difíciles o momentos de estrés relacionados con el conflicto.

TÉCNICA 29: OPTIMIZACIÓN DE TECNOLOGÍA AVANZADA.- Usa y mejora tecnología avanzada para optimizar el proceso de conciliación. Utiliza software de gestión de casos, videoconferencias y herramientas de colaboración en línea.

Asegura calidad en audio y video, y plataformas accesibles y seguras. Ofrece capacitación y soporte técnico para superar barreras tecnológicas, creando un entorno virtual confiable y colaborativo, haciendo del proceso de conciliación en línea una alternativa efectiva al presencial.

TÉCNICA 30: SOPORTE CONTINUO POST- CONCILIACIÓN.- Provee soporte continuo post-conciliación para implementar efectivamente los acuerdos y abordar problemas emergentes. Esto incluye seguimientos regulares, recursos adicionales y disponibilidad de asesoramiento o mediación adicional. Ofrecer soporte continuo ayuda a las partes a sentirse respaldadas, asegurando acuerdos sostenibles y duraderos. Este enfoque previene la reanudación del conflicto, fortalece relaciones a largo plazo y facilita una mayor estabilidad entre las partes involucradas.

TÉCNICA 31: CIERRE CLARO Y EFICAZ AL PROCESO DE CONCILIACIÓN.- Asegúrate que todos los detalles del acuerdo sean entendidos y aceptados por las partes, y que se establezcan compromisos concretos para su implementación.

Tu objetivo es dejar a todas las partes con una sensación de resolución completa y comprensión mutua, reduciendo así la posibilidad de futuros conflictos relacionados. La implementación de esta técnica garantiza que la conciliación concluya con un acuerdo formal y también que dicho acuerdo sea claramente comprendido y aceptado por todos los involucrados, lo que facilitará una transición fluida hacia la fase de implementación del acuerdo y contribuye a prevenir conflictos futuros, asegurando que todos los términos estén claros y bien definidos.

CIERRE CLARO Y EFICAZ DEL PROCESO DE CONCILIACIÓN

Tras alcanzar un acuerdo en el proceso de conciliación, es fundamental implementar eficazmente las decisiones tomadas para asegurar el cumplimiento y la satisfacción de todas las partes involucradas. Esta fase incluye desde la formalización del acuerdo hasta el establecimiento de procedimientos de seguimiento y la realización de actos simbólicos de cierre. Cada paso está diseñado para reforzar el compromiso con los términos acordados y fomentar relaciones duraderas, garantizando así una resolución efectiva y sostenible del conflicto.

IMPLEMENTACIÓN

Resumen de Acuerdos:
Comienza con un resumen detallado de todos los acuerdos alcanzados. Asegúrate de que cada parte entienda completamente los términos y las condiciones pactadas, así como sus responsabilidades post-conciliación.

Documentación Formal:
Elabora un documento final que capture todos los detalles del acuerdo. Este documento debe ser firmado por todas las partes como muestra de su compromiso con los términos acordados. Proporciona copias a cada parte para su registro.

Planes de Seguimiento:
Establece un plan claro de seguimiento para la implementación del acuerdo. Esto puede incluir fechas específicas para revisar el progreso y resolver cualquier ajuste o disputa que pueda surgir.

Sesión de Retroalimentación:
Ofrece una sesión final de retroalimentación donde las partes puedan expresar su satisfacción con el proceso y el resultado. Esto puede ayudar a mejorar futuras conciliaciones y también proporciona un cierre emocional.

Recursos de Apoyo Post-Conciliación:
Proporciona información sobre recursos adicionales disponibles, como asesoramiento o servicios de apoyo, para ayudar a las partes a ajustarse a los cambios o a implementar el acuerdo efectivamente.

Ceremonia de Cierre:
Considera realizar un acto simbólico de cierre, como un apretón de manos o una declaración conjunta, para marcar el fin del proceso de conciliación. Esto puede reforzar el compromiso de las partes con el acuerdo y mejorar la relación a largo plazo.

Ejemplos

1. **Acuerdo amistoso:**
   - **Conciliador:** Hemos alcanzado un acuerdo voluntario que ambas partes consideran satisfactorio. Documentaremos este acuerdo de manera formal y, una vez firmado, será vinculante y reflejará nuestro compromiso mutuo de resolver este conflicto.
2. **Acuerdo parcial:**
   - **Conciliador:** Aunque hemos logrado consenso en varios puntos importantes, reconozco que quedan temas pendientes. Podemos registrar los acuerdos parciales y planear otra sesión para discutir los asuntos restantes, buscando una solución integral."
3. **Acuerdo fallido:**
   - **Conciliador:** Lamentablemente, no hemos logrado llegar a un acuerdo completo hoy. Esto no significa el fin del proceso; ambas partes pueden continuar negociando de manera independiente o considerar otras vías legales o administrativas para resolver su disputa.
4. **Interrupción:**
   - **Conciliador:** Debido a circunstancias imprevistas, necesitamos interrumpir nuestra sesión de hoy. Vamos a reprogramar o, si lo prefieren, buscar otras formas para continuar con el proceso de resolución de este conflicto.

TÉCNICA 32: SEGUIMIENTO POST-CONCILIACIÓN.- El seguimiento post-conciliación asegura la sostenibilidad y efectividad de los acuerdos alcanzados. Involucra monitorizar la implementación de los acuerdos y verificar que todas las partes cumplan con sus compromisos. Dicho seguimiento puede incluir reuniones periódicas de revisión, encuestas de satisfacción, y canales de comunicación abiertos para discutir y resolver cualquier problema que pueda surgir. Este proceso ayuda a prevenir la reanudación del conflicto y asegura que los acuerdos se adapten a las circunstancias cambiantes o a las necesidades emergentes de las partes.

III.- COMUNICACIÓN EFECTIVA Y MANEJO EMOCIONAL

TÉCNICA 33: COMIENZA CON EMPATÍA.- La técnica de comenzar con empatía en el proceso de conciliación es verdaderamente poderosa y efectiva. Establece un clima positivo desde el principio, mostrando un genuino interés por entender las preocupaciones, emociones y perspectivas de cada parte, esfuérzate por comprender sus motivaciones, sus necesidades y sus valores.

Crea un ambiente colaborativo y respetuoso que siente las bases para una resolución efectiva y duradera del conflicto.

TÉCNICA 34: MANEJO DE LA INFORMACIÓN.- Administra la información de manera efectiva para garantizar que todos los datos relevantes sean compartidos de manera organizada y comprensible. Como conciliador, debes asegurarte de que las partes tengan acceso a toda la información necesaria para tomar decisiones informadas lo que puede incluir la organización de documentos, la clarificación de datos confusos y la síntesis de puntos clave.

Un manejo adecuado de la información contribuye a un proceso de conciliación más transparente y equitativo, donde todas las partes tienen las mismas oportunidades de entender completamente el contexto y las implicaciones de sus decisiones.

TÉCNICA 35: ESCUCHA ACTIVAMENTE.- La escucha activa trasciende el simple acto de oír palabras; supone comprender el mensaje integral que las partes intentan transmitir. Como conciliador, es esencial demostrar un interés auténtico y empatía hacia los hablantes y se puede manifestar a través de gestos como asentir con la cabeza, mantener contacto visual, y formular preguntas que profundicen el entendimiento de la información compartida.

Parafrasea lo expresado por las partes para confirmar la comprensión y valorar sus perspectivas. Evita interrumpir mientras hablan, mostrando respeto por sus palabras.
Reconocer los sentimientos y preocupaciones de cada parte valida su experiencia, reduce la defensividad y facilita una comunicación más efectiva y constructiva. Este enfoque integral de la escucha activa es explorado detalladamente en el libro "Plan Conciliación".

TÉCNICA 36: PROMOCIÓN DEL COMPROMISO ACTIVO.- Fomenta un compromiso activo por parte de todas las personas involucradas en el proceso de conciliación. Como conciliador, debes animar a los conciliantes a participar de manera proactiva en cada etapa del proceso. Motívalos a expresar abiertamente sus opiniones, participar en la generación de ideas y colaborar en la búsqueda de soluciones. Un compromiso activo mejora la calidad del diálogo y el entendimiento mutuo, también incrementa la probabilidad de que cualquier acuerdo alcanzado sea sostenible y aceptado por todos, ya que las partes se sienten verdaderamente involucradas y responsables del resultado.

TÉCNICA 37: INCENTIVA LA COLABORACIÓN EN LA CONCILIACIÓN .-Incentiva la colaboración en el proceso de conciliación para fomentar un entorno en el que todas las partes se sientan involucradas y comprometidas en encontrar una solución mutuamente beneficiosa.

Este enfoque se centra en destacar los beneficios de trabajar juntos en lugar de enfrentarse, lo que puede llevar a resultados más creativos y duraderos.

TÉCNICA 38: CLARIFICACIÓN DE INTERESES VS. POSICIONES.- Clarifica la diferencia entre intereses y posiciones para lograr una conciliación efectiva. Las posiciones son lo que las partes dicen querer, mientras que los intereses son las necesidades, deseos o preocupaciones previas que motivan estas posiciones.

Como conciliador, tu rol es ayudar a las partes a profundizar más allá de sus posiciones iniciales para explorar y entender sus verdaderos intereses. Lo cual se puede lograr mediante la facilitación de diálogos enfocados, el fomento de un ambiente donde las partes se sientan seguras para expresar sus necesidades reales y el uso de preguntas profundas que revelen sus motivaciones como por ejemplo:

¿Qué es lo más importante para ti en esta situación?, ¿qué te llevó a tomar esa posición específica?, ¿qué es lo que esperas lograr al finalizar este proceso de conciliación? ¿cuáles son tus preocupaciones más grandes en este conflicto?, etc.

Comprender los intereses verdaderos abre la puerta a soluciones más creativas y satisfactorias que podrían no ser evidentes al centrarse solo en las posiciones.

CLARIFICACIÓN DE INTERESES VS. POSICIONES

CASO: DISPUTA ENTRE UN EMPLEADO Y LA EMPRESA SOBRE EL AUMENTO DE SALARIO

POSICIONES

 **EMPLEADO**
Quiero un aumento del 20% en mi salario.

 EMPRESA
No podemos ofrecerte más del 5% de aumento.

En este escenario, las posiciones representan las demandas explícitas de cada parte. El empleado afirma querer un aumento del 20%, mientras que la empresa está dispuesta a ofrecer solo un 5%.

INTERESES

EMPLEADO

Necesidades: El empleado podría necesitar más dinero para cubrir gastos personales importantes, como la educación de sus hijos o un préstamo hipotecario.

Deseos: Puede desear reconocimiento de su valor y contribución a la empresa.

Preocupaciones: Temor a no poder mantener su estándar de vida o a sentirse menospreciado.

EMPRESA

Necesidades: Mantener la sostenibilidad financiera y controlar los costos laborales.

Deseos: Desean retener al empleado, reconociendo su aporte importante, pero dentro de límites financieros razonables.

Preocupaciones: Preocupación por establecer un precedente de aumentos salariales elevados que podrían influir en futuras negociaciones con otros empleados.

Como conciliador, el enfoque sería ayudar a cada parte a reconocer y expresar estos intereses subyacentes, más allá de las cifras específicas de aumento salarial.
Mediante el uso de preguntas profundas, como :
- ¿Qué significa para ti este aumento?,
- ¿Qué preocupaciones te llevaron a pedir este porcentaje específico?
- ¿Cómo afectaría a la empresa un aumento de esta magnitud?, se pueden explorar las verdaderas motivaciones y abrir la puerta a soluciones más creativas y satisfactorias. Por ejemplo, podría explorarse un aumento menor acompañado de beneficios adicionales como días de vacaciones extra o un plan de bonificación basado en el rendimiento, que podrían satisfacer los intereses de ambas partes sin centrarse estrictamente en la cifra inicial del aumento salarial.

CASO: DISPUTA SOBRE LA RESTAURACIÓN DE UNA PROPIEDAD FAMILIAR HISTÓRICA

POSICIONES

HERMANA
Deberíamos restaurar completamente la casa para preservar su valor histórico y luego abrirla al público.

HOMBRE
Es mejor vender la propiedad tal como está para evitar los costos de restauración que no podemos permitirnos.

En este escenario, la hermana desea invertir en la restauración de una propiedad familiar para conservar su valor histórico, mientras que el hermano prefiere venderla para evitar gastos adicionales.

INTERESES

HERMANA

Necesidades: Siente un fuerte vínculo emocional con la propiedad y desea preservar el legado familiar para las generaciones futuras.

Deseos: Quiere que la propiedad se convierta en un punto de referencia cultural y educativo, lo que podría generar ingresos a largo plazo.

Preocupaciones: Preocupada por la posible pérdida del patrimonio cultural si la propiedad no se restaura y por la financiación del proyecto.

HERMANO

Necesidades: Necesita una solución financiera rápida y está preocupado por los riesgos financieros de un proyecto de restauración costoso.

Deseos: Prefiere una división clara y justa de los activos para evitar conflictos prolongados.

Preocupaciones: Temor a que el costo de la restauración supere su valor de mercado y a quedar financieramente comprometido.

Como conciliador, tu tarea sería ayudar a las partes a explorar estos intereses subyacentes y buscar compromisos viables. *Por ejemplo*, podrías sugerir explorar subvenciones para la restauración de propiedades históricas, buscar un inversor que comparta el interés en la preservación cultural, o considerar un plan que permita la venta de una parte del terreno para financiar la restauración del resto. También sería útil discutir la posibilidad de un acuerdo que permita al hermano obtener liquidez a corto plazo, mientras que la hermana asume la responsabilidad a largo plazo del proyecto de restauración.

Este caso no solo es susceptible de ser resuelto mediante conciliación, sino que también podría escalar a un litigio si las partes no logran encontrar un terreno común, especialmente dado el valor potencial y sentimental de la propiedad en disputa.

TÉCNICA 39: MEDIACIÓN NARRATIVA.- Emplea la mediación narrativa para permitir que cada parte cuente su versión de la historia del conflicto. Este enfoque se centra en cómo las personas construyen y entienden sus experiencias a través de las historias que cuentan, lo que puede revelar los valores profundos y las emociones que influyen en sus percepciones y comportamientos. En la mediación narrativa, anima a las partes a expresar sus historias sin interrupciones para validar su experiencia y abrir caminos hacia la empatía entre las partes.

Luego, trabaja con ellas para reconstruir conjuntamente las narrativas de manera que reflejen una comprensión compartida del conflicto y posibles soluciones. Este proceso puede cambiar significativamente la manera en que las partes ven el conflicto y entre sí, facilitando soluciones más creativas y colaborativas.

TÉCNICA 40: ATIENDE AL LENGUAJE CORPORAL.- En la conciliación, interpretar con precisión las señales no verbales como la postura y los gestos es crucial, incluso si las partes están separadas por una mesa.

Este espacio, aunque delimita, no impide observar movimientos indicativos de acercamiento o distanciamiento emocional. Presta atención a estos detalles, ya que te permitirán ajustar tu enfoque y fomentar un entorno más cómodo y colaborativo. Emplea tu propio lenguaje corporal de manera consciente para comunicar respeto y comprensión, ayudando a crear un espacio seguro que promueva una comunicación sincera y constructiva.

LENGUAJE CORPORAL

El lenguaje corporal es un componente esencial de la comunicación humana, especialmente en procesos como la conciliación, donde el entendimiento y la empatía son clave. A través de gestos, posturas y expresiones faciales, el lenguaje corporal revela emociones y actitudes que las palabras por sí solas podrían no transmitir. Para los conciliadores, ser adeptos en interpretar estas señales no verbales no solo mejora la comprensión de las dinámicas en juego, sino que también facilita la creación de un ambiente de diálogo más abierto y constructivo.

Existen aspectos clave de la comunicación no verbal y cada una juega un papel importante en cómo interpretamos y entendemos las interacciones humanas:

01 KINÉSICA

Observa las expresiones faciales, los gestos y la postura. Por ejemplo, un participante que cruza los brazos y frunce el ceño puede estar expresando resistencia o defensa. En contraste, las sonrisas y las posturas abiertas suelen indicar receptividad y apertura. Adaptar tu respuesta a estos signos puede ayudar a mitigar las tensiones y promover un diálogo más abierto.

> En una sesión de conciliación, si notas que alguien se muestra cerrado, puedes suavizar tu tono y preguntar directamente sobre sus preocupaciones para fomentar la apertura.

02 PARALINGÜÍSTICA

Presta atención al tono de voz, la velocidad del habla, las pausas y la inflexión. Un tono elevado y respuestas rápidas pueden sugerir ansiedad o frustración, lo que podría requerir una intervención calmante.

> Por ejemplo, si un participante habla rápidamente y con tono alto, puedes responder con voz suave y pausada para calmar el ambiente. En contraste, un tono suave y pausado puede indicar una disposición más reflexiva o conciliadora, animándote a seguir explorando esos puntos de vista con cuidado.

02 PROXÉMICA

Considera cómo las personas manejan su espacio personal y la distancia entre ellas. Una persona que se inclina hacia adelante durante una discusión puede estar intentando conectar o mostrar interés, mientras que alguien que se aleja podría sentirse incómodo o necesitar espacio.

> En la conciliación, puedes invitar a las partes a ajustar su posición para facilitar una mejor comunicación, como sugerir un acercamiento físico moderado cuando se observe un intercambio positivo.

Utilizar conscientemente tu propio lenguaje corporal para reflejar empatía y respeto también es fundamental. Por ejemplo, adoptar una postura abierta y mantener contacto visual estable puede reforzar un ambiente de confianza y cooperación. Estar atento a estas señales y responder de manera apropiada facilita una atmósfera colaborativa y puede transformar significativamente la dinámica de una sesión de conciliación.

TÉCNICA 41: RECONOCIMIENTO DE LOGROS.- Motiva y refuerza los comportamientos positivos para fomentar un ambiente colaborativo y productivo durante el proceso de conciliación. Celebrar los progresos, tanto grandes como pequeños, y reconocer los esfuerzos individuales y colectivos aumenta la autoestima de las partes involucradas y fortalece su compromiso con el proceso.

Es importante expresar reconocimiento explícito por la habilidad de las partes para negociar de buena fe, su creatividad al resolver conflictos y su dedicación constante al proceso de conciliación. Este reconocimiento valida su participación y esfuerzos, e incentiva una dinámica más cooperativa y un enfoque más constructivo hacia la resolución de futuros desafíos.

TÉCNICA 42: OFRECE RETROALIMENTACIÓN CONSTRUCTIVA.- Proporciona feedback constructivo durante el proceso de conciliación. Este tipo de retroalimentación ayuda a las partes a entender cómo sus acciones y palabras impactan en la negociación y en las demás partes.

Asegúrate de que tu retroalimentación sea específica, equilibrada y orientada hacia soluciones. Por ejemplo, *en lugar de criticar un comportamiento, sugiere alternativas más efectivas o maneras en que una parte podría expresar sus necesidades de manera que fomente una mejor comprensión.* El feedback constructivo corrige desvíos y capacita a las partes para que participen de manera más efectiva.

OFRECE RETROALIMENTACIÓN CONSTRUCTIVA

La retroalimentación constructiva facilita una comunicación más efectiva y empática. Al ofrecer observaciones y sugerencias específicas y equilibradas, el conciliador ayuda a las partes a entender cómo sus palabras y acciones impactan la negociación. A continuación, se presentan ejemplos prácticos de retroalimentación constructiva en diversas situaciones durante una sesión de conciliación. Estos ejemplos muestran cómo convertir puntos de tensión en oportunidades para el progreso y la comprensión mutua, mejorando la interacción y fomentando un ambiente de respeto y colaboración.

Ejemplo 1: Manejo de Acusaciones Directas

- **Contexto:** Durante la conciliación, una parte acusa directamente a la otra de ser irresponsable.

Retroalimentación Constructiva: Entiendo que te sientes frustrado por la situación, pero he notado que cuando usamos etiquetas como 'irresponsable', puede hacer que la otra parte se sienta a la defensiva. ¿Podrías describir acciones específicas que te han hecho sentir así? Esto podría ayudarnos a abordar las preocupaciones de manera más concreta y productiva.

Ejemplo 2: Reacción Emocional Intensa

- **Contexto:** Una de las partes se muestra visiblemente molesta y eleva su tono de voz.

Retroalimentación Constructiva: Veo que este tema te apasiona mucho y es totalmente válido sentirse así. Me gustaría entender mejor tus puntos de vista. ¿Podrías compartir más sobre qué es lo que te preocupa específicamente? Esto nos ayudará a encontrar soluciones que aborden tus preocupaciones de manera efectiva.

Ejemplo 3: Negociación de Necesidades

- **Contexto:** Las partes discuten sin llegar a un acuerdo, cada una presentando sus demandas sin considerar las del otro.

Retroalimentación Constructiva: Me doy cuenta de que ambos tienen necesidades importantes que quieren que se reconozcan. Sin embargo, también es muy importante que busquemos cómo estas necesidades pueden alinearse o complementarse. ¿Podemos explorar cómo cada propuesta afecta al otro y buscar un terreno común donde ambos se beneficien?

Ejemplo 4: Lenguaje Negativo o Absoluto

- **Contexto:** Una parte utiliza términos absolutos como "nunca" o "siempre" al describir las acciones de la otra.

Retroalimentación Constructiva: Cuando usamos palabras como 'siempre' o 'nunca', puede parecer que no hay espacio para el cambio o la mejora. ¿Podemos hablar de ejemplos específicos en lugar de generalizar? Esto puede ayudarnos a entender mejor la situación y a encontrar formas de progresar.

Ejemplo 5: Cierre de Comunicación

- **Contexto:** Una parte parece cerrarse y no participa activamente en la discusión.

Retroalimentación Constructiva: He notado que parece difícil para ti abordar este tema, lo cual es completamente comprensible dada su naturaleza sensible. Es importante que todos nos sintamos escuchados. ¿Hay algo que podríamos hacer diferente para que te sientas más cómodo compartiendo tus pensamientos?

Estos ejemplos muestran cómo la retroalimentación constructiva no solo aborda los comportamientos o comentarios problemáticos, sino que también ofrece alternativas y sugerencias que promueven una mejor comunicación y comprensión. A través de este enfoque, el conciliador ayuda a las partes a modificar su conducta de manera que favorezca un ambiente de negociación más efectivo y colaborativo.

TÉCNICA 43: INTEGRACIÓN DE FEEDBACK (RETROALIMENTACIÓN).- La integración efectiva de feedback en el proceso de conciliación permite ajustar continuamente las estrategias y técnicas utilizadas para mejorar la efectividad del proceso. Alentar a las partes a proporcionar retroalimentación sobre cómo se sienten respecto al proceso y los resultados ayuda a identificar áreas de mejora y asegura que el proceso permanezca relevante y centrado en las necesidades de las partes. Este feedback también puede ser utilizado para refinar futuras sesiones de conciliación, garantizando que sean más efectivas y estén mejor adaptadas a las situaciones específicas que enfrentan las partes.

TÉCNICA 44: IMPLEMENTA LA TÉCNICA DEL SANDWICH EN RETROALIMENTACIÓN.- Aplica la técnica del sandwich en el feedback para ofrecer críticas constructivas de manera que sea más fácilmente aceptable y menos probable de causar defensividad. Esta técnica consiste enmarcar la crítica entre dos comentarios positivos.

Comienza por destacar algo que la parte ha hecho bien, seguido de una crítica constructiva o una sugerencia de mejora, y concluye con otro comentario positivo que reafirme el valor de la contribución de la parte. Este método suaviza el impacto de la crítica y mantiene motivadas a las partes y abiertas al cambio, fomentando un entorno de aprendizaje y mejora continua dentro del proceso de conciliación.

IMPLEMENTACIÓN DE LA TÉCNICA DEL SANDWICH EN FEEDBACK

La técnica del "sandwich" en psicología, también conocida en el ámbito de la comunicación y la gestión de conflictos, es un método para entregar feedback constructivo de manera que sea mejor recibido por el receptor. Esta técnica consiste en tres partes:

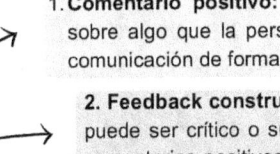

1. **Comentario positivo:** Se comienza con un comentario positivo sobre algo que la persona ha hecho bien. Esto ayuda a abrir la comunicación de forma amigable y receptiva.

2. **Feedback constructivo:** Luego se proporciona el feedback que puede ser crítico o sugerir una mejora. Al estar en medio de dos comentarios positivos, el impacto se suaviza y el receptor es más propenso a considerarlo sin sentirse atacado.

3. **Comentario positivo final:** Se cierra con otro comentario positivo o de reafirmación, asegurando que el tono general de la comunicación permanezca positivo y alentador.

El objetivo de esta técnica es hacer que la persona se sienta valorada y apoyada, incluso cuando se le está señalando un área de mejora, facilitando así una actitud más abierta y colaborativa hacia el cambio o la corrección.

Contexto:
En una sesión de conciliación familiar, Laura y Javier, un matrimonio con problemas de comunicación, están trabajando para mejorar su relación. El conciliador utiliza la técnica del sándwich para ayudar a Laura a expresar sus necesidades de una manera que Javier pueda recibir sin sentirse atacado.

Diálogo
Conciliador: *Laura, realmente valoro cómo has estado abierta a discutir tus sentimientos en estas sesiones. Eso muestra tu compromiso con mejorar la relación y es fundamental para el progreso que ambos están buscando.*
Laura: *Gracias, estoy tratando de hacer lo mejor para que las cosas funcionen.*
Conciliador: *Entiendo eso, y es muy apreciado. He notado que a veces sientes que Javier no está tan atento a tus necesidades como te gustaría. Quizás sería útil para Javier escuchar específicamente qué tipo de apoyo esperas de él. Expresar esto claramente puede ayudar a Javier a entender mejor cómo puede apoyarte.*
Javier: *Sí, me gustaría saber cómo puedo ser un mejor apoyo para Laura.*
Laura: *Necesito que a veces solo escuches en lugar de tratar de solucionar las cosas de inmediato. Eso me haría sentir más apoyada.*
Conciliador: *Esa es una solicitud muy clara y razonable, Laura. Y Javier, realmente aprecio cómo has estado dispuesto a escuchar y adaptarte. Esta disposición es un signo de tu compromiso con la relación y es muy valioso. Al trabajar juntos en este aspecto, creo que ambos encontrarán más satisfacción y apoyo en su relación.*

Conclusión:
El conciliador comienza reconociendo el esfuerzo de Laura por ser abierta y comunicativa, lo que establece una atmósfera positiva. Luego introduce suavemente una crítica constructiva dirigida hacia Javier, haciendo énfasis en la necesidad de Laura de ser escuchada. Finalmente, el conciliador refuerza positivamente la voluntad de Javier de adaptarse y su compromiso con la relación, ayudando a mantener un tono constructivo y colaborativo en la conversación.

TÉCNICA 45: MONITOREO DEL BIENESTAR DE LAS PARTES .- Monitorea el bienestar de las partes y evalúa de forma continua el estado emocional y psicológico de los involucrados, identificando cualquier señal de estrés o malestar que pueda afectar su capacidad para participar eficazmente en la conciliación.

Cuando se está atento al bienestar de las partes, puedes tomar medidas oportunas para ofrecer apoyo adicional, ajustar el ritmo de las sesiones, o proporcionar recursos adicionales que los ayuden a manejar mejor las tensiones del proceso.

TÉCNICA 46: DESARROLLA HABILIDADES COMUNICATIVAS .- El libro Plan Conciliación: Buscando la Paz a través del Arte del Diálogo", explica ampliamente acerca de las habilidades comunicativas que debe desarrollar un conciliador, dentro de este tema desarrollado en la página 89, habla de la importancia y prácticas recomendadas de estas habilidades como ser: la empatía en la creación de un entorno de confianza y seguridad, permitiendo una comunicación más abierta y sincera.

La paciencia se identifica como un requisito para manejar el ritmo a menudo prolongado del proceso conciliatorio, y la imparcialidad se subraya como esencial para mantener la equidad y la objetividad y muchas otras mas habilidades esenciales para un conciliador.

TÉCNICA 47: CLARIFICA Y RESUME.- La capacidad para clarificar y resumir lo que se ha dicho es fundamental para asegurar que todos los participantes tengan la misma comprensión de los temas discutidos.

Incluye repetir en tus propias palabras lo que crees que la parte ha dicho y pedir confirmación para asegurarte de que has entendido correctamente. Este proceso ayuda a evitar malentendidos, y además permite a las partes escuchar sus propias preocupaciones expresadas de una manera diferente, lo que puede proporcionar nuevas perspectivas y facilitar el entendimiento mutuo. Al resumir, también podrás destacar los puntos en común y las diferencias entre las partes, lo cual es útil para identificar áreas de posible acuerdo.

TÉCNICA 48: FOMENTA LA EMPATÍA CONTINUA ENTRE LAS PARTES.- Asi como es importante que tú como conciliador demuestres empatía desde el inicio de la conciliación, también es importante que fomentes la empatía en las partes involucradas, es decir, alentar a los participantes a ponerse en el lugar del otro, comprendiendo sus argumentos y perspectivas contrarios, sus emociones y motivaciones.

Ejemplo. "Les animo a que se pongan en el lugar del otro por un momento y consideren cómo se sentirían en su situación. Esto les ayudaría a comprender mejor las perspectivas y necesidades de la otra parte, lo que facilitaría encontrar una solución mutuamente beneficiosa para ambos." La empatía continua ayuda a mitigar tensiones y facilita la comunicación más abierta y honesta, llevándote así, a soluciones más efectivas y consensuadas.

TÉCNICA 49: FACILITA LA EXPRESIÓN.- Como conciliador, fomenta un ambiente seguro y equitativo que permita a todas las partes expresar libremente sus necesidades y preocupaciones. Conlleva a garantizar que cada parte tenga igual oportunidad de participar y que sus voces sean escuchadas y respetadas sin ser dominadas ni marginadas.

Para promover esta equidad en la participación, emplea preguntas abiertas que inviten a la reflexión y asegúrate de equilibrar el tiempo de habla, además, observa las dinámicas de las interacciones y si es necesario, intervenir para equilibrar la participación. Se debe alentar a las partes más silenciosas a compartir sus pensamientos o perspectivas y a moderar a aquellos que tienden a dominar la conversación. Un diálogo abierto y honesto mejora la calidad de la conversación y fortalece el proceso de toma de decisiones al incorporar una comprensión completa y equitativa de todas las perspectivas involucradas.

TÉCNICA 50: IDENTIFICA Y DESACTIVA DISPARADORES.- Una de tus tareas críticas es identificar y desactivar los disparadores emocionales que pueden exacerbar el conflicto. Los disparadores pueden ser palabras, tonos, gestos o temas sensibles que, cuando se mencionan o se abordan de cierta manera, provocan reacciones emocionales fuertes en las partes. Reconocer estos disparadores tempranamente, puede ayudar a intervenir de manera proactiva para evitar escaladas innecesarias, dirigiendo la conversación de manera cuidadosa, establecer y reforzar reglas de comunicación respetuosa y, cuando sea necesario, tomar pausas para permitir que las partes se calmen y se centren nuevamente en la resolución del conflicto.

TÉCNICA 51: PROMUEVE EL RECONOCIMIENTO MUTUO.- Trabaja activamente para que las partes reconozcan y aprecien las perspectivas y esfuerzos de cada uno en el proceso de conciliación. Este reconocimiento será esencial para construir un respeto duradero y una colaboración efectiva.

Como conciliador, puedes facilitar ejercicios que permitan a cada parte expresar su comprensión de la posición del otro y validar sus emociones y preocupacioneslo que puede llevarte a un cambio significativo en cómo las partes se ven entre sí, transformando a menudo relaciones adversarias en cooperativas.

TÉCNICA 52: USA ANÉCDOTAS RELEVANTES.- Incorpora anécdotas y testimonios de casos anteriores para enriquecer el proceso de conciliación. Al compartir historias de cómo otros han resuelto conflictos similares con éxito, sin revelar información confidencial, proporcionas ejemplos relatables y menos intimidantes que pueden inspirar soluciones creativas. Dichos relatos ayudan a las partes a visualizar los beneficios de colaborar hacia un acuerdo mutuo, y ofrecen claridad, refuerzan puntos clave y transmiten esperanza. Asegúrate de manejar estos testimonios con cuidado para mantener la privacidad y adherirte a las normativas legales y éticas, utilizando las experiencias pasadas como una herramienta para iluminar posibilidades y lecciones valiosas en la situación actual.

TÉCNICA 53: USO DE METÁFORAS Y ANALOGÍAS.- Emplear metáforas y analogías puede ser una forma efectiva de clarificar conceptos complejos y ayudar a las partes a entender las ideas de manera más intuitiva. Los recursos retóricos pueden hacer que las partes vean su situación desde un ángulo diferente, facilitando el entendimiento mutuo y abriendo nuevas vías para el diálogo. Por ejemplo, comparar un conflicto laboral con un juego de equipo donde cada jugador depende del otro para el éxito puede ayudar a las partes a visualizar la importancia de cada rol y la necesidad de cooperación.

TÉCNICA 54: MANTÉN LA CALMA.- Tu capacidad para mantener la calma ante las emociones intensas es contagiosa.

Exhibir una presencia tranquila y controlada puede tener un efecto calmante sobre las partes, ayudando a reducir la tensión y promoviendo un ambiente más propicio para el diálogo. Vale decir un tono de voz suave, una postura relajada, y utilizar el lenguaje corporal para transmitir empatía y comprensión. Tu calma también sirve como modelo a seguir para las partes, mostrándoles que es posible abordar el conflicto de manera serena y constructiva.

TÉCNICA 55: TÉCNICAS DE RELAJACIÓN EN LA CONCILIACIÓN.- Ayuda a las partes a manejar el estrés y las emociones que a menudo surgen durante la resolución de conflictos. Estas técnicas pueden incluir ejercicios de respiración profunda y pausas activas para meditación corta orientados a calmar la mente y reducir la tensión física.

El uso de música suave o técnicas de visualización también puede ser efectivo para crear un ambiente más tranquilo y propicio para el diálogo constructivo. Cuando se emplean técnicas de relajación, el conciliador puede fomentar un entorno más sereno y controlado, donde las partes se sientan seguras para expresar sus pensamientos y preocupaciones sin la barrera del estrés excesivo. Particularmente, es útil en conciliaciones que involucran temas sensibles o cargas emocionales elevadas, donde mantener la calma puede ser fundamental para alcanzar un acuerdo satisfactorio.

TÉCNICA 56: EVITA SUPUESTO.- Evita hacer suposiciones sobre las intenciones, deseos o necesidades de las partes. En lugar de presuponer, pregunta directamente a las partes para obtener claridad, esto es importante porque los supuestos pueden llevar a malentendidos y conflictos innecesarios. Siempre verifica la información y fomenta que las partes también lo hagan entre sí.

Este enfoque basado en la claridad ayuda a construir un entendimiento genuino y reduce la probabilidad de conflictos basados en malinterpretaciones o información incorrecta.

TÉCNICA 57: REFLEXIÓN SOBRE EL PROCESO EN LA CONCILIACIÓN.-  Fomenta la reflexión sobre el proceso de conciliación tanto durante como después de las sesiones. Este ejercicio permite a todas las partes implicadas evaluar la efectividad de las estrategias utilizadas, identificar áreas de mejora y consolidar los aprendizajes obtenidos.

La reflexión ayuda a reconocer los logros y desafíos del proceso, promoviendo un entendimiento más profundo de cómo interactúan las partes y cómo se resuelven los conflictos. Esta práctica puede mejorar significativamente la calidad del proceso conciliatorio actual y además prepara el terreno para futuras interacciones, asegurando que cada sesión sea más informada y efectiva que la anterior.

TÉCNICA 58: PROMUEVE LA AUTO-REFLEXIÓN.- Anima a las partes a reflexionar sobre su papel en el conflicto, facilita la auto-reflexión y ayuda a las personas a entender cómo sus propias acciones, decisiones y percepciones han contribuido al conflicto. este entendimiento puede llevar a un cambio de comportamiento y a una mayor disposición para el compromiso. Puedes fomentar esta reflexión haciendo preguntas que guíen a las partes a considerar diferentes perspectivas y a reconocer tanto sus propias necesidades como las de los demás.

La auto-reflexión es beneficiosa para resolver el conflicto actual y también prepara a las partes para manejar desacuerdos futuros de manera más constructiva.

TÉCNICA 59: RECONOCE LAS EMOCIONES.- Valida los sentimientos de las partes para reconocer y aceptar sus emociones como una respuesta comprensible a la situación, sin emitir juicios. No significa estar de acuerdo con lo que sienten o con sus puntos de vista, sino simplemente reconocer que sus emociones son legítimas y válidas.

Un conciliador puede hacerlo mediante frases como "Entiendo que es frustrante para ti" o "Parece que te ha afectado profundamente". Reconocer las emociones de esta manera ayuda a las partes a sentirse comprendidas y respetadas, lo cual es fundamental para construir un ambiente de confianza y abrir el espacio para una comunicación más efectiva.

TÉCNICA 60: CREACIÓN DE UN AMBIENTE DE CONFIANZA Y COMUNICACIÓN ABIERTA.- Se centra en establecer un espacio seguro donde todas las partes involucradas puedan comunicarse libre y honestamente. Implica definir normas claras de respeto y confidencialidad desde el inicio, practicar la escucha activa para validar y comprender profundamente las perspectivas de cada persona, y mantener una transparencia total sobre el proceso y los procedimientos. Además, fomenta la expresión sin temores de represalias o juicios, animando a las partes a compartir sus preocupaciones y necesidades sin reservas.

Además, fomenta la expresión sin temores de represalias o juicios, animando a las partes a compartir sus preocupaciones y necesidades sin reservas. Este enfoque facilita una resolución de conflictos más efectiva y también fortalece las relaciones  a largo plazo al construir un sólido fundamento de confianza y respeto mutuo, vital para cualquier negociación exitosa.

TÉCNICA 61: UTILIZA EL SILENCIO COMO HERRAMIENTA.- El uso efectivo del silencio es una técnica poderosa en la conciliación. El silencio no es simplemente la ausencia de palabras; es una herramienta estratégica que puede ser utilizada para permitir a las partes procesar información, calmar emociones y reflexionar sobre las discusiones en curso.

Como conciliador, puedes emplear pausas deliberadas después de intervenciones significativas o cuando las emociones se intensifican, sin duda dará más tiempo a las partes para pensar antes de responder, lo que puede llevar a respuestas más consideradas y a una toma de decisiones más reflexiva. Además, el silencio puede actuar como un catalizador para que las partes llenen el espacio con sus propios pensamientos, a menudo revelando más sobre sus verdaderos sentimientos y motivaciones.

TÉCNICA 62: LA PREGUNTA REFLEJADA .- Usa la técnica de la pregunta reflejada para mejorar la claridad y la comprensión entre las partes en conflicto. Cuando una de las partes formula una pregunta, en lugar de permitir una respuesta inmediata, tú como conciliador intervienes repitiendo o reformulando la pregunta.

Este acto de reflejar la pregunta cumple varios propósitos esenciales: tendrán un tiempo de reflexión, una clarificación de la pregunta, a validación de sentimientos y el fomento de la empatía. Esta técnica es particularmente útil en situaciones donde las emociones pueden estar interfiriendo con la comunicación efectiva y al implementarla, contribuirás a crear un diálogo más estructurado, enfocado y respetuoso, ayudando a las partes a avanzar hacia la resolución de sus conflictos de manera más constructiva.

TÉCNICA DE LA PREGUNTA REFLEJADA

EJEMPLO 1

Un ejemplo práctico de la técnica de la **Pregunta Reflejada** podría darse en una situación donde dos socios comerciales están en desacuerdo sobre la dirección futura de su empresa. Uno de los socios pregunta de manera acusatoria: ¿Por qué siempre rechazas mis ideas sin siquiera considerarlas?

En lugar de permitir que el otro socio responda de inmediato, lo que podría escalar la tensión, el conciliador interviene utilizando la técnica de la pregunta reflejada. El conciliador podría decir: "Entiendo que te sientes frustrado porque percibes que tus ideas no están siendo consideradas. Para asegurarnos de que todos comprendamos claramente, ¿puedes explicar qué ideas específicas sientes que no han sido consideradas y por qué crees que son importantes para el futuro de la empresa?"

EL acto de reflejar la pregunta cumple varios propósitos esenciales:

TIEMPO DE REFLEXIÓN:

Al repetir la pregunta, el conciliador otorga a todos los participantes un momento adicional para considerar la cuestión planteada. Este breve período de pausa permite que la parte receptora procese mejor la pregunta y reflexione sobre una respuesta más considerada y articulada, reduciendo las respuestas impulsivas o emocionales.

CLARIFICACIÓN:

A menudo, en medio de discusiones tensas o emocionales, las preguntas pueden ser formuladas de manera confusa o cargada emocionalmente. Al reflejar la pregunta, el conciliador tiene la oportunidad de aclararla o reformularla de manera que sea más clara y neutral. Esto asegura que todos los participantes comprendan exactamente lo que se está preguntando, minimizando malentendidos y confusiones.

VALIDACIÓN DE SENTIMIENTOS:

Cuando el conciliador repite la pregunta, también valida implícitamente los sentimientos y preocupaciones de la parte que pregunta, mostrando que se ha escuchado y comprendido su inquietud. Esta validación puede ayudar a calmar las emociones y hacer que la parte se sienta respetada y valorada, lo que facilita un ambiente más colaborativo.

FOMENTO DE LA EMPATÍA:

Al escuchar su propia pregunta formulada en voz de otra persona, la parte que pregunta puede llegar a escucharla desde una perspectiva externa, lo que puede fomentar una mayor empatía hacia la posición del otro y posiblemente llevar a reconsiderar o suavizar su enfoque inicial.

De esta manera, el conciliador ayuda a transformar una interacción potencialmente conflictiva en una discusión más productiva y orientada hacia la solución, mejorando la calidad del diálogo entre las partes.

TÉCNICA 63: MANEJO INTEGRAL DE EMOCIONES EN LA CONCILIACIÓN.- Como conciliador, es fundamental que reconozcas y manejes las emociones de manera efectiva para guiar el diálogo hacia soluciones constructivas.

Las emociones influyen significativamente en las acciones de las partes y se manifiestan a través del lenguaje verbal y no verbal, incluyendo gestos, tonos de voz y expresiones faciales. El ciclo de pensar, sentir y actuar destaca cómo las percepciones moldeadas por experiencias previas, educación y valores, determinan nuestras emociones y, por ende, nuestras reacciones.

Por ejemplo, si una de las partes percibe las acciones de la otra como una amenaza, basándose en experiencias anteriores, podría generar emociones intensas como la cólera, que a su vez pueden escalar el conflicto. Es tu responsabilidad como conciliador ayudar a las partes a entender cómo sus percepciones afectan sus emociones y comportamientos, y guiarlas hacia una interpretación más objetiva y menos emocional de los hechos, lo que facilitará un diálogo más calmado y productivo.

IV. NEGOCIACIÓN Y RESOLUCIÓN DE CONFLICTOS

TÉCNICA 64: USO DEL MÉTODO CORNELL EN LA CONCILIACIÓN.- La implementación del método Cornell en el proceso de conciliación propone una técnica innovadora para proporcionar a las partes un medio estructurado y eficaz de tomar notas, reemplazando las tradicionales hojas blancas que suelen utilizarse.

Este método puede ayudar para que las partes organicen su información, sus preguntas y puedan tomar notas para en su toma de palabra puedan ser discutidas de manera más coherente y sin interrumpir, asegurando que se capturen todos los aspectos importantes de la discusión, también facilita a las partes el procesamiento y la revisión de la información de forma más eficiente.

Si bien el método tiene sus contras, como la necesidad de una curva de aprendizaje y la posible rigidez que puede no adaptarse a todos los estilos, estos pueden ser gestionados efectivamente en situaciones adecuadas, considerando las características y necesidades de las partes involucradas.

Como conciliadora, he aplicado esta técnica en varias sesiones, observando mejoras significativas en cómo las partes se involucran y recuerdan los detalles y acuerdos discutidos. Al final de la conciliación, estos papeles son destruidos en presencia de todas las partes, asegurando que no quede ninguna evidencia escrita de lo discutido, lo cual es una práctica que promueve la confidencialidad y la comodidad entre las partes, reforzando la percepción de un entorno seguro y cerrado para la discusión. Esta propuesta innovadora mejorará la claridad y la gestión de las comunicaciones durante las sesiones de conciliación, sin dejar de respetar la privacidad y la integridad del proceso conciliatorio.

NOTAS

INFORMACIÓN GENERAL

Detalles esenciales de la sesión: Los conciliantes pueden anotar la fecha, el nombre del conciliador, y sus propios nombres para formalizar el documento.

INTERESES	INFORMACIÓN GENERAL
• Aquí los conciliantes deben anotar sus propios intereses y los que perciben del otro lado. Esto les ayuda a mantener el foco en las necesidades reales detrás de las posiciones que cada uno presenta, facilitando la búsqueda de soluciones centradas en intereses compartidos o complementarios	• **Observaciones clave:** Este espacio es ideal para que los conciliantes registren observaciones importantes sobre el proceso, como las principales preocupaciones y necesidades que desean que se aborden durante la sesión. • **Intervenciones:** pueden preparar preguntas que deseen hacerle al otro lado o al conciliador para clarificar dudas o profundizar en temas específicos. También pueden anotar ideas para intervenciones o puntos que desean asegurarse de discutir.

RESUMEN

• *Este espacio es útil para que los conciliantes escriban un resumen de los acuerdos alcanzados, las acciones a seguir y cualquier compromiso que se haya tomado. A pesar de que al finalizar la sesión de conciliación la hoja será destruida.*

TÉCNICA 65: EVALUACIÓN DE RIESGOS Y BENEFICIOS EN LA CONCILIACIÓN.- Analiza cuidadosamente las posibles consecuencias de las decisiones tomadas durante las negociaciones. Este proceso ayuda a las partes a tomar decisiones informadas al sopesar las ventajas y desventajas de diferentes opciones de resolución. Si se evalúan los riesgos y beneficios, las partes pueden identificar las soluciones más seguras y efectivas, minimizando posibles repercusiones negativas y maximizando los resultados positivos. Esta evaluación facilita un entendimiento más profundo de las implicaciones de cada opción y promueve una toma de decisiones más estratégica y fundamentada.

TÉCNICA 66: FACILITA EL ACUERDO.- Una vez que se ha seleccionado una opción (o combinación de opciones), el conciliador ayuda a las partes a formular un acuerdo que sea claro, específico y realizable. Traduce las soluciones acordadas en términos concretos, asegurándose de que todas las partes entiendan plenamente lo que se ha acordado y cuáles son sus responsabilidades. El acuerdo debe ser detallado, incluyendo quién hará qué, cuándo y cómo se llevará a cabo, y qué pasará si el acuerdo no se cumple. También puedes asistir en la identificación de cualquier apoyo o recursos necesarios para implementar el acuerdo. Asegurar que el acuerdo sea realista y tenga en cuenta las capacidades y limitaciones de todas las partes aumenta las posibilidades de éxito a largo plazo.

TÉCNICA 67: EXPLORACIÓN DE ALTERNATIVAS AL NO ACUERDO.- Explorar las alternativas al no llegar a un acuerdo es una estrategia que puedes utilizar para ayudar a las partes a visualizar las posibles consecuencias de no resolver el conflicto a través de la conciliación. Incluye la discusión de escenarios como litigios prolongados, deterioro de las relaciones, o pérdida financiera. Al destacar estas alternativas, las partes pueden ser más conscientes de los beneficios de encontrar una solución mutuamente beneficiosa y estar más motivadas para comprometerse de manera constructiva en el proceso de conciliación.

EXPLORACIÓN DE ALTERNATIVAS AL NO ACUERDO

Para aplicar la técnica de exploración de alternativas al no llegar a un acuerdo en la conciliación, es importante guiar a las partes a través de un análisis detallado de lo que podría suceder si no logran resolver sus diferencias. A continuación, te presento algunos ejemplos de cómo puedes implementar esta estrategia en distintos contextos:

Ejemplo 1: Conflicto Comercial
Contexto: Dos empresas disputan la propiedad intelectual relacionada con un nuevo software.

Conciliador: Entiendo que ambas partes tienen fuertes argumentos sobre la propiedad del software. Sin embargo, consideremos qué podría suceder si no llegamos a un acuerdo hoy. Un litigio podría no solo ser costoso en términos financieros, sino que también podría llevar años resolverlo. Durante ese tiempo, ambos perderían la oportunidad de capitalizar la tecnología disputada. Además, la relación comercial que hasta ahora ha sido beneficiosa para ambos podría deteriorarse irremediablemente.

Ejemplo 2: Divorcio y Custodia
Contexto: Dos cónyuges en proceso de divorcio no logran ponerse de acuerdo sobre la custodia de sus hijos.

Conciliador: Consideremos las implicaciones de no llegar a un acuerdo respecto a la custodia de sus hijos. Si este asunto se traslada a los tribunales, un juez tomará una decisión sin conocer a sus hijos tan profundamente como ustedes. Esto podría resultar en una disposición que no sea ideal para ninguno de ustedes ni para sus hijos. Además, el proceso podría afectar emocionalmente a los niños y a su relación con ellos.

Ejemplo 3: Disputa Laboral
Contexto: Un empleado y un empleador están en desacuerdo sobre un caso de despido considerado injusto.

Conciliador: Si no llegamos a un acuerdo, el siguiente paso podría ser una reclamación formal ante las autoridades laborales o incluso una demanda. Esto no solo implicaría costos legales significativos para ambas partes, sino que también podría afectar la reputación de su empresa y su bienestar emocional. Resolver esto amistosamente hoy podría ahorrarles tiempo, dinero y estrés.

Ejemplo 4: Disputa por una Medianera

Contexto: Dos vecinos disputan sobre la altura de una medianera que uno de ellos quiere elevar.

Conciliador: Si no llegamos a un acuerdo respecto a la altura de la medianera, es posible que uno de ustedes decida proceder con la construcción sin el consentimiento del otro, lo que podría llevar a acciones legales. Esto no solo generaría tensiones y posibles sanciones legales, sino que también podría deteriorar su relación como vecinos, afectando la armonía en su entorno diario. Encontrar un acuerdo ahora podría evitar estos conflictos legales y preservar una buena relación vecinal.

Ejemplo 5: Problemas Contractuales en Proyectos de Construcción

Contexto: Un contratista y un cliente están en desacuerdo sobre la calidad de los materiales utilizados en una remodelación.

Conciliador: Si este desacuerdo escala a una disputa legal, ambos podrían enfrentarse a largos procedimientos judiciales y costos legales elevados. Además, podría afectar la finalización del proyecto y dañar la reputación del contratista en la industria. Un acuerdo amistoso para revisar y posiblemente ajustar los materiales utilizados podría resolver el conflicto de manera más eficiente y mantener su relación profesional intacta.

Ejemplo 6: Acuerdo de Distribución Comercial

Contexto: Dos empresas no logran ponerse de acuerdo sobre los términos de un acuerdo de distribución.

Conciliador: Si no llegan a un consenso, es posible que ambas compañías pierdan una oportunidad de mercado significativa, especialmente en un mercado que es altamente competitivo y donde el tiempo es esencial. La falta de acuerdo también podría llevar a cada empresa a buscar alternativas menos óptimas, resultando en pérdidas de ingresos y mayores costos. Trabajar juntos para formular un acuerdo que beneficie a ambos podría resultar en ganancias significativas y una ventaja competitiva en el mercado.

En cada uno de estos casos, el enfoque está en mostrar cómo las soluciones negociadas no solo resuelven el problema actual sino que también previenen resultados negativos que podrían surgir de prolongar el conflicto.

TÉCNICA 68: USO DE PREGUNTAS HIPOTÉTICAS.- Utiliza preguntas hipotéticas para ayudar a las partes a explorar posibilidades y considerar diferentes perspectivas. Este enfoque puede ser particularmente útil para superar bloqueos y fomentar el pensamiento creativo.

Por ejemplo, puedes preguntar, "¿Qué pasaría si decidimos implementar esta solución por un período de prueba antes de comprometernos completamente?" o "¿Cómoreaccionarías si la otra parte aceptara esta condición?" Las preguntas hipotéticas ayudan a las partes a pensar fuera de la caja y a considerar soluciones que quizás no hubieran contemplado anteriormente.

TÉCNICA 69: CONSTRUCCIÓN DE MINI-ACUERDOS.- Promover la construcción de mini-acuerdos es una técnica efectiva para facilitar progresos graduales en las negociaciones. Estos pequeños acuerdos sobre aspectos menos controversiales del conflicto pueden ayudar a construir confianza y momento en el proceso de conciliación. Al alcanzar y cumplir dichos mini-acuerdos, las partes desarrollan una sensación de logro y colaboración, lo cual puede ser un trampolín para abordar temas más difíciles o divisivos con una mayor disposición al compromiso.

TÉCNICA 70: ENCUENTRA EL INTERÉS COMÚN.- Identifica y enfatiza los intereses comunes para facilitar una resolución efectiva del conflicto. Aunque las partes pueden comenzar el proceso enfocándose en sus diferencias, como conciliador, tu papel es ayudarlas a reconocer y construir sobre los intereses que comparten.

Explora áreas donde sus deseos o necesidades se alinean, como metas a largo plazo, valores fundamentales, o resultados mutuamente beneficiosos. Centrando la discusión en estos intereses comunes, puedes fomentar un sentido de colaboración y asociación, lo que facilitará un terreno más amigable para negociar y transformar la relación entre las partes, llevándolas de adversarios a colaboradores en busca de un objetivo compartido.

TÉCNICA 71: APLICA EFECTIVAMENTE LA SANA CRÍTICA.- Este enfoque, comúnmente asociado con el papel del juez en el sistema judicial, también es especial para los conciliadores. Al igual que un juez, un conciliador debe aplicar la sana crítica para analizar objetivamente la información y tomar decisiones imparciales que beneficien a todas las partes involucradas. Haz un uso efectivo de la sana crítica en tus procesos de conciliación, necesaria para evaluar de manera imparcial la información presentada por ambas partes en conflicto, basándote en la lógica, la experiencia común y el sentido común. Con seguridad que, garantizará que las decisiones que tomes estén fundamentadas en una evaluación justa y equilibrada de la evidencia, lo cual aumenta la probabilidad de que el resultado sea aceptado y respetado por todos los involucrados en la conciliación. Por supuesto que, para lograr una evaluación equilibrada y comprender completamente el contexto del conflicto se debe conocer a fondo el caso como lo menciona la técnica 1 , incluso incluyendo información que pueda provenir de fuentes externas. Esto ayuda a obtener una visión más completa de las motivaciones, intereses y circunstancias que rodean el conflicto.

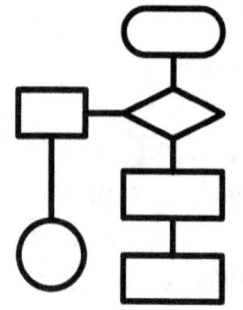

TÉCNICA 72: USO DE DIAGRAMAS DE FLUJO PARA DECISIONES.- Integra diagramas de flujo para ayudar a las partes a visualizar las diferentes opciones de decisión y sus posibles consecuencias. Durante la conciliación, puedes dibujar un diagrama de flujo que muestre los diversos caminos que pueden tomar las negociaciones basadas en las decisiones de cada parte. Este visual puede ser particularmente útil para complejizar situaciones, mostrando claramente cómo ciertas elecciones pueden llevar a ciertos resultados.

Los diagramas de flujo ayudan a las partes a comprender las implicaciones de sus elecciones antes de tomar decisiones y promueven un pensamiento más estratégico y analítico. Además, hacer visibles las conexiones entre las decisiones y sus impactos puede facilitar un diálogo más objetivo y centrado en soluciones.

TÉCNICA 73: DESESCALA EL CONFLICTO.- Cuando las emociones se intensifican hasta el punto de que obstaculizan el progreso de la conciliación, es importante tomar medidas para desescalar la situación.

Bien se podría proponer un receso, dando a las partes tiempo para respirar, reflexionar y calmarse antes de continuar. durante estos recesos, técnicas de relajación como la respiración profunda o la meditación pueden ser útiles. el conciliador debe estar preparado para intervenir de manera firme pero respetuosa si la discusión se vuelve demasiado acalorada, recordando a las partes las reglas básicas establecidas y la importancia de mantener un diálogo respetuoso.

TÉCNICA 74: FOMENTA LA CREATIVIDAD EN LAS SOLUCIONES.- Anima a las partes a pensar más allá de las soluciones convencionales y explorar nuevas posibilidades que quizás no se hayan considerado anteriormente. Como se describe e ilustra detalladamente en el capítulo 6 del libro Plan de Conciliación, este enfoque puede ser enormemente efectivo. Organiza sesiones de lluvia de ideas y presenta escenarios hipotéticos para fomentar este tipo de pensamiento creativo. Este enfoque puede revelar opciones inesperadas, y también ayudar a las partes a sentirse más comprometidas y satisfechas con el proceso.

TÉCNICA 75: UTILIZA GRÁFICOS Y AYUDAS VISUALES.- Si fuera el caso y la situación lo amerita, emplea gráficos, tablas, diagramas y otras herramientas visuales para facilitar la comprensión y el análisis de la información compleja durante las sesiones de conciliación.

Estas herramientas visuales son particularmente útiles para desglosar datos complejos, esquematizar relaciones entre diferentes elementos del conflicto, o visualizar los efectos de posibles soluciones. Por ejemplo, un diagrama de flujo puede ayudar a las partes a visualizar las etapas de un proceso de negociación, mientras que un gráfico puede mostrar claramente las posibles consecuencias de varias opciones de acuerdo.

TÉCNICA 76: NEGOCIA ACUERDOS DE GANAR-GANAR.- Trabaja de manera proactiva para diseñar soluciones que generen beneficios mutuos para todas las partes involucradas. Durante las negociaciones, enfoca las conversaciones hacia cómo cada propuesta puede satisfacer los intereses de todos los presentes. Utiliza técnicas como la modelación de escenarios o la negociación basada en intereses para ayudar a las partes a visualizar los resultados positivos de diversos acuerdos potenciales.

Este enfoque aumenta la probabilidad de un compromiso duradero y refuerza la relación entre las partes, dejándolas más equipadas para colaborar en futuros desafíos o desacuerdos. Negociar acuerdos de ganar-ganar, aseguras que cada parte se aleje sintiéndose respetada y beneficiada, lo cual es fundamental para la sostenibilidad a largo plazo del acuerdo alcanzado.

TÉCNICA 77: REFUERZA LA IMPORTANCIA DEL FUTURO.- Destaca la importancia de considerar el futuro en las decisiones que se toman durante el proceso de conciliación. 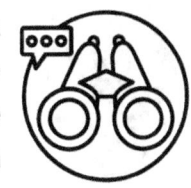 Motiva a las partes a pensar en cómo los acuerdos alcanzados afectarán sus vidas a largo plazo, más allá del momento presente o de las circunstancias actuales.

Ayúdalas a visualizar las consecuencias futuras de sus acciones y decisiones, tanto positivas como negativas. Fomentar esta visión a largo plazo puede inspirar a las partes a buscar soluciones más sostenibles y beneficiosas para todos, evitando soluciones temporales o superficiales que podrían causar problemas adicionales en el futuro.

TÉCNICA 78: IMPLEMENTA OPORTUNAMENTE LOS MAAN.- Los Métodos Alternativos de Acuerdo Negociado (MAAN) son esenciales cuando las partes en conflicto enfrentan estancamientos o dificultades para encontrar soluciones mutuamente aceptables utilizando métodos tradicionales. Los MAAN deben ser aplicados particularmente en situaciones donde es vital preservar o mejorar las relaciones entre las partes, como en disputas laborales, familiares o comunitarias. La utilización de estas técnicas es recomendable porque promueven la creatividad y la flexibilidad, permitiendo explorar una gama más amplia de soluciones que las que ofrece el proceso judicial formal. Estos métodos, que incluyen la mediación, la negociación y el uso de técnicas comunicativas y psicológicas, facilitan un entendimiento más profundo del conflicto y fomentan acuerdos más duraderos y satisfactorios para todas las partes. Implementar los MAAN ayuda a resolver el conflicto de manera efectiva y contribuye a un proceso de paz más genuino y perdurable, evitando así futuras disputas y fortaleciendo la capacidad de las partes para gestionar desacuerdos de manera autónoma y constructiva.

TÉCNICA 79: MODELADO DE ESCENARIOS FUTUROS.- Utiliza el modelado de escenarios futuros como una técnica clave en el proceso de conciliación para ayudar a las partes a visualizar las posibles consecuencias de sus decisiones, lo que significa crear y discutir diferentes resultados basados en las opciones de acción actuales, permitiendo a las partes evaluar los efectos a largo plazo de sus elecciones.

Como conciliador, guía a las partes a través de este proceso, ayudándoles a imaginar los resultados ideales y los posibles desafíos o problemas que podrían surgir. Este ejercicio ayuda a las partes a tomar decisiones más informadas y ponderadas, considerando lo que es factible, deseable, sostenible y beneficioso en el futuro a corto plazo.

TÉCNICA 80: REENCUADRE CONSTRUCTIVO.- El reencuadre constructivo es una técnica que puedes emplear para ayudar a las partes a ver el conflicto desde una nueva perspectiva. Consiste en reinterpretar los problemas o situaciones de manera que los aspectos negativos se presenten de forma más neutral o positiva, enfocando la atención en oportunidades y soluciones en lugar de en obstáculos. Por ejemplo, en lugar de permitir que una parte se estanque en lo que percibe como una pérdida, guíalas para que vean cómo una concesión puede llevar a beneficios mayores en otros aspectos de la negociación. Esta técnica es capaz de suavizar las tensiones, y promover un enfoque más colaborativo hacia la resolución de conflictos.

TÉCNICA 81: CREA UN "PLAN B".- Desarrolla un "Plan B" que prepare a todas las partes para posibles resultados alternativos si el plan principal no se materializa.

 Guía a las partes en la identificación de opciones alternativas y viables, ayudalos a pensar en diferentes escenarios que podrían ser aceptables para todos los involucrados. Esto reduce la presión del acuerdo inicial, fomenta la flexibilidad y la creatividad en la resolución de conflictos.

Un "Plan B" bien estructurado asegura que, incluso si el acuerdo principal falla, hay un camino claro hacia una resolución efectiva que todavía puede satisfacer las necesidades fundamentales de las partes.

TÉCNICA 82: ABORDA DESBALANCES DE PODER EN SITUACIONES COMPLEJAS.- En el manejo de situaciones complejas, como la fuerte emotividad o el desbalance de poder, debes actuar con sensibilidad y eficacia. Un desbalance de poder ocurre cuando una parte controla significativamente las decisiones de la otra, a menudo dejándola sin alternativas viables para resolver el conflicto.

En estos casos, el rol del conciliador es fundamental para ayudar a la parte menos favorecida a tomar conciencia de sus capacidades y opciones, empoderándola para que pueda defender sus intereses de manera justa. Si no se logra empoderar adecuadamente a esta parte, la situación puede no ser apta para la conciliación, ya que perpetuaría una injusticia. Como conciliador, tu tarea es garantizar que la conciliación se convierta en un instrumento para validar desequilibrios de poder, sino una oportunidad para restaurar el equilibrio y promover soluciones justas.

TÉCNICA 83: NEGOCIACIÓN EN TÁNDEM.- La negociación en tándem involucra coordinar esfuerzos entre las partes para trabajar juntas hacia soluciones comunes, incluso si tienen intereses opuestos. Se puede alternar entre sesiones conjuntas y separadas donde las partes trabajan independientemente con sus respectivos asesores o representantes para desarrollar propuestas, que luego se discuten en sesiones conjuntas. Esta alternancia ayuda a mantener la comunicación fluida y asegura que todas las partes tengan el espacio necesario para reflexionar y desarrollar sus posiciones sin presión, mientras siguen comprometidas en el proceso colaborativo de negociación.

La técnica de la "Negociación en tándem" frecuentemente se asocia más con la mediación o la negociación directa; sin embargo, puede adaptarse efectivamente al contexto de la conciliación. En la conciliación, este enfoque podría utilizarse para facilitar un proceso donde las partes trabajen tanto de manera independiente como en conjunto, bajo la guía del conciliador.

SESIONES INDEPENDIENTES:

En la conciliación, las sesiones independientes permiten que cada parte reflexione y desarrolle sus propuestas de solución con más privacidad, reduciendo la presión directa del otro lado. Esto es especialmente útil en situaciones altamente emocionales o cuando se discuten temas sensibles. Las partes pueden preparar sus pensamientos y estrategias de manera más cómoda, lo que puede llevar a propuestas más consideradas y viables.

ROL DEL CONCILIADOR:

El conciliador juega un papel crucial en la negociación en tándem. Durante las sesiones independientes, puede ofrecer asesoramiento y clarificación sobre puntos legales o técnicos, ayudando a las partes a entender mejor las posibles implicancias de sus decisiones. En las sesiones conjuntas, el conciliador facilita el diálogo, ayuda a manejar las emociones y asegura que el proceso sea equitativo y productivo.

SESIONES CONJUNTAS: Después de las sesiones independientes, las partes se reúnen para discutir sus propuestas en un ambiente controlado y facilitado por el conciliador. Este enfoque permite a las partes presentar y explicar sus puntos de vista y soluciones propuestas directamente a la otra parte, fomentando la comunicación abierta y directa.

Beneficios del Enfoque en Tándem:

Este enfoque puede ser particularmente efectivo para descomponer problemas complejos en partes más manejables, permitiendo a las partes concentrarse en un área a la vez sin sentirse abrumadas por la presencia continua de la otra parte. Además, alternar entre sesiones independientes y conjuntas puede ayudar a mantener el ímpetu del proceso, evitar estancamientos y construir gradualmente hacia un acuerdo final.

Consideraciones

La negociación en tándem dentro de la conciliación requiere una planificación cuidadosa y una comunicación clara sobre los objetivos y reglas del proceso. Es importante que el conciliador asegure que las partes entiendan y estén de acuerdo con este enfoque para maximizar su efectividad y asegurar que el proceso se perciba como justo y equitativo. Además, el conciliador debe estar atento a la dinámica entre las partes y estar preparado para ajustar el proceso según sea necesario para mantener un entorno productivo.

TÉCNICA 84: EXPLORA INTERESES SUBYACENTES.- Para lograr una solución duradera y satisfactoria se vuelve imprescindible explorar los intereses más profundos de las partes involucradas en un conflicto. Los mencionados intereses son las necesidades, deseos, preocupaciones o valores que realmente motivan las posiciones aparentes de las partes. A menudo, los intereses pueden coincidir o al menos no estar en conflicto directo, proporcionando una base sólida para el compromiso y la colaboración. Al identificar y abordar estos intereses profundos, las partes pueden superar sus posturas iniciales y avanzar hacia acuerdos que satisfagan de manera más completa las verdaderas necesidades de todos los involucrados.

TÉCNICA 85: ESCALACIÓN GRADUAL DE COMPROMISOS.-

La escalación gradual de compromisos es una técnica que implementa lentamente el nivel de compromiso de las partes durante el proceso de conciliación. Comenzando con acuerdos sobre aspectos menos controversiales o más fáciles de resolver, puedes construir una base de confianza y cooperación que facilitará la negociación de temas más complejos o sensibles más adelante. Este enfoque permite a las partes acostumbrarse al proceso de dar y recibir y ver beneficios tangibles a lo largo del camino, lo que puede motivarlos a comprometerse más profundamente a medida que el proceso avanza. La escalación gradual también ayuda a minimizar los riesgos, ya que las partes se sienten menos presionadas para tomar decisiones precipitadas sobre asuntos significativos desde el inicio.

TÉCNICA 86: USO DE ESCALAS DE VALORACIÓN.-

Implementa escalas de valoración para ayudar a las partes a cuantificar y expresar sus sentimientos, prioridades y la importancia de diversos aspectos del conflicto. Por ejemplo, durante una sesión de conciliación, puedes pedir a las partes que califiquen de 1 a 10 cuán importante es para ellos alcanzar un acuerdo en diferentes áreas específicas. Esta técnica permite visualizar claramente las prioridades y facilita la negociación al destacar dónde es posible hacer concesiones sin afectar significativamente los intereses de cada parte.

Utilizar escalas de valoración proporciona una estructura clara para la discusión y ayuda a despersonalizar el conflicto, alineando el enfoque en las cuestiones más que en las emociones.

TÉCNICA 87: UTILIZA ESTRATEGIAS DE PERSUASIÓN EFECTIVAS SIN COERCIÓN.- Para manejar conciliaciones de manera efectiva, es crucial utilizar estrategias de persuasión que eviten la coerción, enfocándose en los intereses y necesidades de las partes. Redefinir el problema permite a las partes cambiar su percepción de los hechos y ajustar sus emociones sobre el conflicto. La persuasión efectiva se logra mediante técnicas de comunicación y negociación que animan a las partes a explorar soluciones beneficiosas mutuamente, basadas en su interés y comprensión, en lugar de sentirse presionadas a aceptar opciones por influencia externa. Este método utiliza la escucha activa, presenta opciones de manera atractiva, y emplea preguntas abiertas que fomentan la reflexión, asegurando un proceso que respeta la autonomía de las partes y promueve un compromiso genuino sin presión indebida.

TÉCNICA 88: INTEGRACIÓN DE SOLUCIONES CULTURALES.- Asegúrate de que las soluciones en la conciliación respeten y reflejen las diferencias culturales de las partes involucradas, es decir que, se debe comprender y considerar sus prácticas, normas, y valores culturales en cada fase del proceso. Adaptar las estrategias de resolución de conflictos para alinearlas con las expectativas culturales puede mejorar significativamente la aceptación y efectividad de los acuerdos alcanzados.

TÉCNICA 89: EXPLORACIÓN PROFUNDA MEDIANTE PREGUNTAS ABIERTAS.- Las preguntas abiertas son aquellas que no se pueden responder con un simple "sí" o "no". Estimulan respuestas más elaboradas y reflexivas, permitiendo que las partes expresen libremente sus pensamientos, sentimientos y motivaciones.

Este tipo de preguntas es fundamental para desentrañar las verdaderas raíces de un conflicto y para explorar soluciones posibles que quizás no sean evidentes al principio. Entre los beneficios que tiene de realizar preguntas abiertas es que: promueve un mayor entendimiento y empatía entre las partes, ayuda a revelar intereses y necesidades que no se habían considerado previamente y hasta construye una atmósfera de confianza y respeto mutuo, esencial para la resolución efectiva de conflictos.

V. ÉTICA Y RESPONSABILIDAD

TÉCNICA 90: ASEGÚRATE DE LA CONCIABILIDAD DEL CASO.- Asegurarse de la posibilidad de conciliación en un caso es esencial tanto desde la perspectiva legal como en términos de relaciones interpersonales. Legalmente, se debe verificar que el conflicto en cuestión sea conciliable según las normativas vigentes, lo que garantiza la validez y efectividad del proceso de conciliación, como también protege los derechos y deberes de todas las partes involucradas. Además, obtener el consentimiento informado de todas las partes es fundamental desde el punto de vista ético y de las relaciones interpersonales aasegurándose que todos estén conscientes y de acuerdo con participar en el proceso de conciliación, lo que incrementa la probabilidad de que el resultado sea aceptado y respetado por los interesados.

TÉCNICA 91: GARANTIZA CONFIDENCIALIDAD E IMPARCIALIDAD.- Asegúrate de que todas las partes comprendan y acuerden mantener la privacidad de la información compartida durante las sesiones.

La confidencialidad fomenta un ambiente seguro y permite a las partes sentirse libres de expresar sus verdaderas preocupaciones y necesidades sin temor a repercusiones externas. Esta seguridad puede dar lugar a la apertura y la honestidad en las discusiones, y es fundamental para alcanzar un acuerdo verdaderamente efectivo y respetado por todos los participantes. La imparcialidad es igualmente crítica, ya que garantiza que el conciliador actúe sin favoritismos, basando sus decisiones y orientaciones únicamente en los méritos del caso y las necesidades de las partes. Al mantenerse neutral y equitativo, el conciliador ayuda a equilibrar el poder entre las partes y fortalece la legitimidad y aceptación del proceso de conciliación.

Ejemplo 1

Conciliador: *Es esencial para este proceso que yo actúe con total imparcialidad y mantenga la confidencialidad de todo lo que aquí se discuta. Quiero asegurarles que no tomaré partido por ninguno de ustedes ni emitiré juicios personales sobre lo que se exponga. Mi papel es facilitar un diálogo constructivo y ayudarles a encontrar una solución mutuamente aceptable.*

Además, todas las conversaciones que tengamos en estas sesiones se mantendrán en estricta confidencialidad. Ninguna información se divulgará fuera de este espacio sin su consentimiento explícito. Para garantizar que cada parte tenga la oportunidad de expresarse libremente, podemos tener sesiones individuales si es necesario, y me comprometo a mantener un equilibrio justo en la presentación y discusión de cada perspectiva. Estas prácticas están diseñadas para proteger sus derechos e intereses y asegurar un proceso justo y equitativo para ambos.

Ejemplo 2

Conciliador: *En nuestra sesión de hoy, quiero reiterar la importancia de mi rol imparcial y la confidencialidad con la que manejaré toda la información compartida. Como su conciliador, mi objetivo no es favorecer a ninguna de las partes, sino ayudarles a explorar todas las opciones posibles para resolver su conflicto.*
Adicionalmente, quiero asegurarles que todo lo discutido en este espacio permanecerá confidencial.

Esto significa que no compartiré detalles de nuestras conversaciones con nadie fuera de estas sesiones, a menos que ambos den su consentimiento explícito. Esto es crucial para que se sientan seguros al expresar sus verdaderos sentimientos y pensamientos, lo que es esencial para el progreso de nuestra mediación.

Si alguna de las partes siente la necesidad de discutir aspectos sensibles de manera más privada, estoy disponible para realizar sesiones individuales. Mi compromiso es mantener la equidad durante todo el proceso, asegurando que ambos lados sean escuchados y considerados de manera justa. Estas medidas están en lugar para proteger su privacidad y fomentar un entorno de diálogo abierto y respetuoso, facilitando una resolución efectiva y satisfactoria para todos.

TÉCNICA 92: FOMENTA EL RESPETO MUTUO.- El respeto mutuo es la base para crear un ambiente en el que todas las partes se sientan valoradas y entendidas. Promueve la dignidad, la consideración y la apreciación entre todos los participantes, independientemente de sus diferencias o posiciones en el conflicto.

Modela este respeto en todas tus interacciones y establece normas claras desde el inicio que definan las expectativas de comportamiento respetuoso. Interviene proactivamente ante cualquier señal de falta de respeto y facilita ejercicios que promuevan la empatía, de esa manera, se refuerza la importancia del trato respetuoso. Un trato respetuoso facilita la comunicación abierta y honesta, reduce la tensión e incrementa la colaboración, lo que es fundamental para alcanzar resoluciones efectivas y duraderas.

TÉCNICA 93: REGISTRO CLARO Y DETALLADO.- La documentación transparente es fundamental en cualquier proceso de conciliación para asegurar que todas las partes comprendan y estén de acuerdo con los términos y el progreso del acuerdo. Esto incluye mantener registros detallados de todas las discusiones, decisiones y acuerdos alcanzados durante las sesiones.

La transparencia en la documentación ayuda a prevenir malentendidos y proporciona una base clara para el seguimiento y la implementación de acuerdos. También fortalece la confianza entre las partes, ya que asegura que todos los aspectos del proceso sean abiertos y accesibles para revisión y referencia futura.

TÉCNICA 94: USO DE CONSULTAS CONFIDENCIALES.- Implementar consultas confidenciales dentro del proceso de conciliación permite a las partes discutir temas sensibles o expresar preocupaciones en un entorno seguro y privado. Este enfoque puede ayudar a las partes a sentirse más seguras al compartir información que puede ser importante para la resolución del conflicto, pero que es delicada de manejar en un entorno más público o grupal.

TÉCNICA 95: FOMENTA LA RESPONSABILIDAD.- Promueve la responsabilidad entre las partes para mantener la integridad del proceso de conciliación y asegurar la implementación efectiva de los acuerdos. Como conciliador, debes establecer mecanismos claros que ayuden a las partes a mantenerse responsables de sus compromisos.

Incluiría también, la definición de metas específicas, el seguimiento regular del progreso y la realización de reuniones de seguimiento para evaluar la adherencia a los acuerdos. Alienta a las partes a asumir la responsabilidad no solo por sus acciones, sino también por el impacto de estas acciones en los demás, lo que puede fortalecer la confianza mutua y fomentar una cooperación continua.

TÉCNICA 96: FOMENTA LA TRANSPARENCIA.- Promover la transparencia en la conciliación es esencial para generar confianza. Asegúrate de que todas las partes entiendan cada fase del proceso y estén bien informadas sobre los progresos y los desafíos. Comparte información abiertamente, garantiza el acceso y la comprensión de todos los documentos y comunicaciones. Motiva a las partes a ser transparentes, destacando la importancia de la honestidad y la claridad en la expresión de sus necesidades y expectativas. Esto crea un ambiente que fomenta la participación activa y la contribución honesta, conduciendo a acuerdos más auténticos y sostenibles.

TÉCNICA 97: PROMUEVE LA EQUIDAD EN LA PARTICIPACIÓN.- Fomenta un ambiente seguro y equitativo que permita a todas las partes expresar libremente sus necesidades y preocupaciones. Garantiza que cada parte tenga igual oportunidad de participar y que sus voces sean escuchadas y respetadas sin ser dominadas ni marginadas.

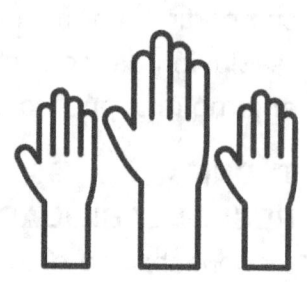

Para promover esta equidad en la participación, emplea preguntas abiertas que inviten a la reflexión y asegúrate de equilibrar el tiempo de habla, además, observa las dinámicas de las interacciones y, si es necesario, intervenir para equilibrar la participación.

Por otro lado, alienta a las partes más silenciosas a compartir sus pensamientos o perspectivas y a moderar a aquellos que tienden a dominar la conversación. Este enfoque promueve un diálogo abierto y honesto, esencial para un proceso de toma de decisiones inclusivo y efectivo.

TÉCNICA 98: PROTECCIÓN DE DATOS CONFIDENCIALES.- Maneja adecuadamente la información sensible y confidencial ya que a menudo se tratan datos personales o confidenciales, información financiera, o cualquier otro detalle que pueda ser considerado delicado. Establece protocolos claros para el manejo de esta información, asegurando que se respete la confidencialidad y se proteja la privacidad de las partes. Esencial desde el punto de vista ético y legal , y además fomenta la confianza entre las partes, que es crucial para una resolución exitosa del conflicto.

TÉCNICA 99: DOCUMENTA EL ACUERDO.- La documentación del acuerdo es un paso esencial que formaliza los términos alcanzados durante la conciliación. Este documento debe ser claro, conciso y reflejar fielmente los compromisos acordados por las partes. Debe detallar las responsabilidades específicas de cada parte, los plazos para la implementación de las soluciones y cualquier otro detalle relevante para el cumplimiento del acuerdo.

Es importante que el conciliador revise el documento con las partes, asegurándose de que todos los puntos sean entendidos y aceptados. La firma del acuerdo por parte de las partes confiere un sentido de compromiso y formalidad, aumentando la probabilidad de cumplimiento.

TÉCNICA 100: CIERRE REFLEXIVO.- Al final de un proceso de conciliación, realiza un cierre reflexivo. Esta es una oportunidad para que todas las partes, junto contigo como conciliador, revisen lo que ha ocurrido durante las sesiones, discutan lo que cada uno ha aprendido y reflexionen sobre la efectividad de los acuerdos alcanzados. Este momento reflexivo puede ser necesario para consolidar los aprendizajes, valorar el progreso hecho y reconocer los esfuerzos de cada parte. También es un espacio para discutir pasos futuros y cómo implementar y sostener los acuerdos en el tiempo. Un cierre reflexivo ayuda a cerrar el proceso de manera constructiva, asegurando que las partes se sientan satisfechas y que el trabajo realizado tenga un impacto duradero.

TÉCNICA 101: CULTIVA LA RESILIENCIA Y LA AUTO-REFLEXIÓN CONTINUA.- Como conciliador, es fundamental que desarrolles no solo habilidades técnicas, sino también personales, especialmente la resiliencia y la capacidad de auto-reflexión. La resiliencia te permitirá manejar mejor los desafíos emocionales y psicológicos que surgen durante los procesos de conciliación, permitiéndote mantenerte ecuánime y efectivo incluso bajo presión.

Paralelamente, la auto-reflexión continua es clave para el crecimiento personal y profesional. Dedica tiempo regularmente para reflexionar sobre tus experiencias, evaluar tu desempeño y aprender de cada sesión de conciliación. Este hábito mejorará tus habilidades y te ayudará a mantenerte alineado con tus valores éticos y profesionales, asegurando que tu trabajo no solo sea eficaz, sino también profundamente humano y compasivo.

Estos aspectos ortalecerán tu práctica profesional, también te transformarán en un modelo a seguir para otros en el campo, inspirando a través de tu compromiso con el auto-mejoramiento y la integridad personal.

CONCLUSIONES

Espero que estas técnicas enriquezcan tu práctica de conciliación y te inspiren en tu camino de crecimiento personal y profesional. Aprovecha cada oportunidad para aplicar estos conocimientos y recuerda que el arte de conciliar es un viaje de aprendizaje continuo. Gracias por permitirme ser parte de tu desarrollo. Te deseo tanto éxito como satisfacción en tu labor de construir puentes y resolver conflictos, tal como yo lo he experimentado a lo largo de mis 30 años como conciliadora.

Mirtha Alenjandra Villarroel de Rocha

"La paz no se mantiene por la fuerza; se logra por el entendimiento." –
Albert Einstein

BIBLIOGRAFÍA

1. Montoya, I., & Gutiérrez, R. (2018). Fundamentos de la conciliación en derecho. Editorial Universidad de Antioquia.
2. FISHER, Roger, URY, William y Patton, Bruce. "SI ... ¡de acuerdo! Cómo negociar sin ceder". Edit. Norma.1993.
3. Sánchez, C. (2020). La conciliación: Herramientas y técnicas efectivas. Editorial Trotta.
4. López, M. J. (2019). Conciliación y resolución de conflictos: Enfoques contemporáneos. Ediciones Pirámide.
5. Vargas, L. F., & Martínez, M. (2021). Diálogo y acuerdos: Prácticas de conciliación en el ámbito laboral. Ediciones Paidós.
6. Castro, S., & Hernández, A. (2017). Mediación y conciliación: Teoría y práctica. Editorial Reus.
7. García, M., & Fernández, A. (2019). Estrategias de negociación en contextos multiculturales. Editorial Universidad de Salamanca.
8. Martínez, L. (2021). Mediación y resolución de conflictos: Técnicas y aplicaciones. Ediciones Pirámide.
9. Torres, P. (2018). Conflictos y mediaciones: Hacia una nueva práctica. Editorial Gedisa.
10. Ruiz, J., & Hernández, S. (2020). El arte de mediar: Un enfoque práctico. Editorial Trotta.
11. Navarro, M., & López, F. (2017). Diálogos en la mediación: Estrategias efectivas para facilitadores. Ediciones Paidós.
12. Ledesma N., Marianella: "El Procedimiento Conciliatorio, un enfoque teórico – normativo". Edit. Gaceta Jurídica S.A., Primera Edición, 2000.
13. Suares, Marinés. "Mediación. Conducción de disputas, comunicación y técnicas." Edit. Paidós. 1999.
14. Ury, William, "¡Supere el No! Cómo negociar con personas que adoptan posiciones obstinadas". Edit. Norma. 1993.
15. CAIVANO, Roque J., y otros, "Mecanismos Alternativos para la Resolución de Conflictos, Negociación, Conciliación y Arbitraje", Editor E. Moame Drago, Primera Edición, 1998.
16. PEÑA GONZALES, Oscar. Conciliación Extrajudicial. Teoría y Práctica". APECC. 2001.
17. RICHAUDEAU, Francois. "Los secretos de la comunicación EFICAZ". Edit. Mensajero.
18. RAIFA, Howad. "El Arte y la Ciencia de la Comunicación". Edit. Fondo de Cultura Económica. 1996.

www.ingramcontent.com/pod-product-compliance
Lightning Source LLC
Chambersburg PA
CBHW071842210526
45479CB00001B/246